AIGC
未来已来
迈向通用人工智能时代

翟尤 郭晓静 曾宣玮◎著　　郑可君◎主审

人民邮电出版社
北京

图书在版编目（CIP）数据

AIGC未来已来：迈向通用人工智能时代 / 翟尤，郭晓静，曾宣玮著. -- 北京：人民邮电出版社，2023.5
ISBN 978-7-115-61381-3

Ⅰ．①A… Ⅱ．①翟… ②郭… ③曾… Ⅲ．①人工智能－产业发展－研究－世界 Ⅳ．①F49

中国国家版本馆CIP数据核字（2023）第053799号

内 容 提 要

AIGC（Artificial Intelligence Generated Content）中文译为"人工智能生成内容"。狭义上的 AIGC 指利用 AI 自动生成内容的生产方式。广义的 AIGC 可以基于训练数据和生成算法模型，自主生成新的文本、图像、音乐、视频、3D 交互内容等各种形式的内容和数据，甚至可能开启科学新发现，创造新的价值和意义。

本书旨在通过深入浅出的讲解，帮助读者认识并了解 AIGC，进一步探究 AIGC 未来的发展方向及其可能面临的挑战，并通过一系列丰富的 AIGC 应用案例展示其在各个领域应用的无限可能。此外，本书还联合投资界、学术界和创业圈的三位专业人士畅谈了关于 AIGC 的深入洞察。

本书无须读者具备专业知识基础，适合对 AIGC 感兴趣的读者阅读。

♦ 著　　翟 尤　郭晓静　曾宣玮
　　责任编辑　胡俊英
　　责任印制　王 郁　焦志炜

♦ 人民邮电出版社出版发行　北京市丰台区成寿寺路11号
　　邮编 100164　电子邮件 315@ptpress.com.cn
　　网址 https://www.ptpress.com.cn
　　涿州市般润文化传播有限公司印刷

♦ 开本：720×960 1/16
　　印张：13　　　　　　　　　　2023年5月第1版
　　字数：163千字　　　　　　　2025年4月河北第10次印刷

定价：69.80 元

读者服务热线：(010)81055410　印装质量热线：(010)81055316
反盗版热线：(010)81055315

前言

2022 年以来，AIGC 快速从研究领域向大众领域扩散，尤其是 2022 年 11 月 ChatGPT 的发布，让更多人期待人工智能可以全面落地。

我们在用 AIGC 生成画作，实现和 ChatGPT 聊天的同时，仍需要进一步思考：为何今天人工智能会引发如此大的关注？人工智能技术到底在哪些方面做出了创新，未来又会如何影响我们的经济、工作和生活？为此，我们希望读者通过阅读本书能够有个初步的理解，从而在新浪潮来临之前更好地把握机遇并成为时代的弄潮儿。

本书共 10 章，下面向大家简要介绍各章的内容。

第 1 章聚焦在 AIGC 绘画领域，从早期引发关注的《太空歌剧院》谈起，陆续介绍 AIGC 是如何破圈并成功引起广泛关注的，以及绘画领域会成为首发热点。本章还介绍了一些典型的 AIGC 模型。

第 2 章从模型即服务展开，不仅会介绍人工智能的发展历程，还重点梳理具有里程碑意义的事件，分析大模型脱颖而出的原因。同时也介绍当前科技公司发布的一些模型的基本情况，并对未来发展做出初步判断。

第 3 章重点剖析当前火热的 ChatGPT。ChatGPT 是大模型的产物，有专家认为它并没有多少创新性，但这不妨碍 ChatGPT 成为全球话题，甚至有专家将其与操作系统和智能手机的价值相媲美。在这一章里，我们将重点介绍 ChatGPT 的潜在应用，以及当前阶段 ChatGPT 落地所面临的挑战，希望能够让更多人客观全面地理解 ChatGPT 并使用它。

第 4 章聚焦 AIGC 底层技术和实现方法，我们会梳理历史上人工智能尝试绘画的脉络，这些尝试虽未普及但为后来者积累了宝贵经验。最后，我们会拆解 AIGC 能够让大众上手使用的底层技术原理。

第 5 章尝试探讨 AIGC 是否会替代人来创新。在传统的认知中，人们普遍认为人工智能会首先替代重复性劳动，创造力则是人类独有的能力。但 AIGC 的出现打破了这种观念，创新可能不仅仅是人类独有的。但同时我们也提出 AIGC 到拥有真正的创造力还有很远的距离。我们分析了利用 AIGC 如何提升我们的工作效率，以及如何扩大创作者的收益等。

第 6 章聚焦开源领域，揭示技术创新是产业发展的关键，而机制创新可以让产业发展更加繁荣。AIGC 的火爆离不开开源的机制，站在巨人的肩膀上可以更好地发挥技术的力量。因此，这一章我们重点分析 AIGC 是如何利用开源实现创新发展的。

第 7 章聚焦 AIGC 的商业化，首先将 AIGC 的商业化划分为三个阶段，并对不同类型的企业发展进行分析解读，尤其是对大家关注的变现手段进行分析，最后从客观的角度分析 AIGC 商业模式面临的困境。

第 8 章梳理 AIGC 的九大应用领域，涉及音视频、游戏、建筑、服装、医疗等多个方向，帮助读者更好地理解 AIGC 潜在的发展路径。希望通过行业分析和案例解读，更好地实现 AIGC 的应用普及。

第 9 章聚焦 AIGC 的不足和挑战。在技术和产业方面，AIGC 在成本和一致性上仍有很多问题需要解决；在法规政策方面，仍需要进一步完善发展环境。

第 10 章从业界和学界选出了三位代表，通过访谈的方式从产业、学术、应用的角度来解读 AIGC 及其发展趋势，希望他们的解读能够给读者带来一定的启发。

在本书的撰写过程中，我们得到了多位专家、学者的支持和鼓励，但由于时间仓促，难免有不足之处，还请各位读者批评指正。

服务与支持

本书由异步社区出品,社区(https://www.epubit.com)为您提供后续服务。您可以扫描右侧的二维码并发送"61381"获取配套资源。

提交勘误信息

作者、译者和编辑尽最大努力来确保书中内容的准确性,但难免会存在疏漏。欢迎您将发现的问题反馈给我们,帮助我们提升图书的质量。

当您发现错误时,请登录异步社区,按书名搜索,进入本书页面,单击"发表勘误",输入错误信息,单击"提交勘误"按钮即可,如下图所示。本书的作者和编辑会对您提交的错误信息进行审核,确认并接受后,您将获赠异步社区的 100 积分。积分可用于在异步社区兑换优惠券、样书或奖品。

与我们联系

我们的联系邮箱是 contact@epubit.com.cn。

如果您对本书有任何疑问或建议，请您发邮件给我们，并请在邮件标题中注明本书书名，以便我们更高效地做出反馈。

如果您有兴趣出版图书、录制教学视频，或者参与图书翻译、技术审校等工作，可以发邮件给我们；有意出版图书的作者也可以到异步社区投稿（直接访问www.epubit.com/contribute 即可）。

如果您所在的学校、培训机构或企业想批量购买本书或异步社区出版的其他图书，也可以发邮件给我们。

如果您在网上发现有针对异步社区出品图书的各种形式的盗版行为，包括对图书全部或部分内容的非授权传播，请您将怀疑有侵权行为的链接通过邮件发送给我们。您的这一举动是对作者权益的保护，也是我们持续为您提供有价值的内容的动力之源。

关于异步社区和异步图书

"异步社区"是人民邮电出版社旗下 IT 专业图书社区，致力于出版精品 IT 图书和相关学习产品，为作译者提供优质出版服务。异步社区创办于 2015 年 8 月，提供大量精品 IT 图书和电子书，以及高品质技术文章和视频课程。更多详情请访问异步社区官网 https://www.epubit.com。

"异步图书"是由异步社区编辑团队策划出版的精品 IT 专业图书的品牌，依托于人民邮电出版社的计算机图书出版积累和专业编辑团队，相关图书在封面上印有异步图书的 LOGO。异步图书的出版领域包括软件开发、大数据、人工智能、测试、前端、网络技术等。

异步社区

微信服务号

目录

第 1 章 AIGC 为何引发关注

1.1 《太空歌剧院》带来的冲击和影响 　　002

1.2 "生成"所引发的创意性工作革新 　　004

1.3 内容生成方式进入新阶段 　　005

1.4 AIGC 在绘画领域率先破圈 　　006

1.5 典型的 AIGC 模型 　　008

　　◎ 海外模型 　　008

　　◎ 国内模型 　　010

第 2 章 模型即服务时代的到来

2.1 模型即服务的历史进程 　　017

　　◎ 早期人工智能在曲折中探索 　　017

　　◎ 深度学习引发关注 　　019

2.2 典型的深度学习网络 　　021

　　◎ 生成对抗网络 　　021

　　◎ Transformer 　　024

2.3 大公司探索之路 　　026

- ◎ DeepMind　026
- ◎ OpenAI　027

2.4　基础模型普及的关键节点　028
- ◎ 基础模型的能力与服务　028
- ◎ 曾经热议的云，今后的基础模型　031
- ◎ 基础模型的通用性　033

2.5　人工智能的未来何在　033
- ◎ 人工智能逐步接近人类的思考模式　033
- ◎ 未来人工智能的发展特点　035

第 3 章　ChatGPT 引发的潮流与思考

3.1　ChatGPT 会成为人工智能的拐点吗　038
- ◎ 引发全球关注的 ChatGPT　038
- ◎ ChatGPT 潜在的应用领域　039

3.2　ChatGPT 能力大揭秘　040

3.3　ChatGPT 是 OpenAI 对大模型的坚定实践　042

3.4　ChatGPT 的局限性及其引发的思考　043
- ◎ 技术创新性与工程创新性　043
- ◎ 知识局限性　044
- ◎ 盈利与成本之间的平衡　044
- ◎ 应用落地所面临的困境　045
- ◎ 法律合规与应用抵制　045
- ◎ 网络安全风险　046
- ◎ 能耗挑战　047

3.5 ChatGPT 引发的思考 　　　　　　　　　　　　048
　　◎ 如何看待人类创新与机器创新 　　　　　　　048
　　◎ ChatGPT 在哪些方面值得我们学习 　　　　049
3.6 GPT-4 未来已来，奇点时刻该如何面对 　　　049
　　◎ 多模态 　　　　　　　　　　　　　　　　050
　　◎ 提示工程的价值 　　　　　　　　　　　　050
　　◎ 安全隐忧 　　　　　　　　　　　　　　　050

第 4 章　大模型驱动的人工智能绘画"创作"

4.1 AI 绘画的先驱——AARON 　　　　　　　　053
4.2 人工智能绘画的原理 　　　　　　　　　　　054
　　◎ 神经网络是如何模仿人类思考的 　　　　　054
　　◎ 如何让神经网络画一幅画 　　　　　　　　055
4.3 人工智能学习如何画一只猫 　　　　　　　　057
　　◎ 教会你的神经网络认识"猫咪" 　　　　　057
　　◎ 人工智能真的画出了猫咪 　　　　　　　　058
4.4 DALL-E 的初次尝试与突破 　　　　　　　　059
4.5 人工智能绘画的技术创新点 　　　　　　　　061
　　◎ CLIP 实现跨模态创新，打造图文匹配 　　061
　　◎ 用 Diffusion 加速 AIGC 落地普及 　　　　063
　　◎ Diffusion 模型为 AIGC 写下的注脚 　　　064
　　◎ Stable Diffusion 岂止于开源 　　　　　　065
　　◎ AIGC 进一步降低模型的使用门槛 　　　　066
4.6 使 AIGC 绘画技术成熟的重要因素 　　　　　068

- ◎ 提示词的重要性　　068
- ◎ 算力资源的关键支撑　　071

第 5 章　人类的创新能力会被 AIGC 替代吗

5.1 艺术创作会被 AIGC 取代吗　　073
- ◎ 用户的猎奇与创作者的抵触　　073
- ◎ AIGC 不会取代艺术创作工作　　074
- ◎ 使用 AIGC，需要具备什么能力　　077
- ◎ AIGC 是直接消费品还是工具　　078

5.2 创作者如何通过 AIGC 获得更大的收益　　080
- ◎ 如何将 AIGC 应用于创作　　080
- ◎ 创意工作者的收益探索　　084
- ◎ 未来人工智能创作艺术的 5 个层次　　085

5.3 AIGC——你的"达·芬奇"　　089
- ◎ 内容输出的"平民化"　　089
- ◎ 大众与艺术家"直连"　　090
- ◎ 实时互动和精准化构建的"即时满足"　　091
- ◎ 社区与共创的"想象力"　　092
- ◎ 基于生成全新内容的平台　　093

5.4 抓住 AIGC 的机遇　　094
- ◎ AIGC 时代，做"短信"还是"微信"　　094
- ◎ AIGC 的发展仍无法脱离技术周期　　097

第 6 章　开源成就行业发展的未来

6.1 开源让我们站在巨人的肩膀上　　099

6.2 开源成为引爆 AIGC 的导火索   099

6.3 大模型的开源之路   101

第 7 章 AIGC 与商业化

7.1 AIGC 商业化的 3 个阶段   106

◎ 感知冲击——尝鲜阶段   107

◎ 认知领悟——协助阶段   107

◎ 新生态链——原创阶段   108

7.2 AI 领域的企业发展   108

◎ 平台型企业   109

◎ 应用型企业   111

◎ 现有产品的智能化   112

7.3 当下典型的 AIGC 变现手段   114

◎ 按照计算量收费   114

◎ 按照输出图像数量收费   114

◎ 软件按月付费   115

◎ 模型训练费   116

7.4 AIGC 商业模式的困境   116

◎ AIGC Inside 的商业化并不容易   116

◎ 难以建立技术壁垒   117

◎ 探索自主的大模型及应用   118

第 8 章 AIGC 的典型应用

8.1 文字创作   121

		◎ 主要特点	121
		◎ 典型应用	122
	8.2	音频生成	126
		◎ 主要特点	126
		◎ 典型应用	127
	8.3	视频生成	131
		◎ 主要特点	131
		◎ 典型应用	131
	8.4	3D 模型生成	135
		◎ 主要特点	135
		◎ 典型应用	135
	8.5	编写代码	137
		◎ 主要特点	137
		◎ 典型应用	137
	8.6	游戏创作开发	139
		◎ 主要特点	139
		◎ 典型应用	140
	8.7	绘画产品	143
		◎ 典型绘画产品的 AIGC 应用	144
		◎ AIGC 绘画与 NFT 结合	148
	8.8	建筑设计	149
		◎ 将 AIGC 融入建筑设计	149
		◎ 用 AIGC 实现装修设计	151
	8.9	其他应用	152
		◎ DIY 设计	152

◎ 儿童创意实现   155
◎ 内容营销   156
◎ 诊疗与心灵慰藉   156

第 9 章   AIGC 的不足与挑战

9.1 技术与产业方面的不足与挑战   159
◎ 细节仍需打磨   159
◎ 成本问题   161
◎ 输出结果不一致   162
◎ 大模型到大应用的挑战   162
◎ 通用性较差   163

9.2 在确权方面面临的挑战   163
◎ AIGC 作品的著作权归属   163
◎ 著作权争议的潜在解决方案   165
◎ 法律监管出现争议   166
◎ 企业态度不统一   166
◎ 伦理与安全风险   167

第 10 章   业界和学界的专家洞察

10.1 AIGC 可扩展潜力巨大，可能掀起新一波创新创业浪潮   170
◎ 从 AIGC 到 AIGS，"服务规模化的个性化"时代到来   170
◎ 从科技圈体验到全民使用，AI 首次成功破圈   171
◎ OpenAI 已经成功探索出 AI 领域科技创新落地的新模式   173
◎ 中国需要自主大模型，也有可能探索出自己的创新   175

10.2 AIGC 火热的背后，需要深度思考治理难题 179
  ◎ 破解"克林格里奇困境"，要靠更敏捷的治理思路 179
  ◎ 加强对弱势群体的保护，平台应该做好"守门人" 180
  ◎ AIGC 内容知识产权还没有定论，但业界已有基本共识 182
  ◎ 探索人工智能领域"数据合作"新范式 183

10.3 AIGC 火热背后的业界冷思考：中国 AI 行业的未来发展，需要有自己的思路 185
  ◎ ChatGPT 的流畅对话来源于预训练大模型 185
  ◎ "AI 幻觉"仍是阻碍产业发展的难题 186
  ◎ 大规模预训练技术仍处于早期探索阶段，人工智能公司还需耐心打磨 188
  ◎ 在 AIGC 技术浪潮中，一些行业将迎来全新挑战 189
  ◎ 中国 AI 行业的未来发展，需要有自己的思考和思路 191

第1章

AIGC 为何引发关注

1.1 《太空歌剧院》带来的冲击和影响

AIGC（AI-Generated Content）是通过人工智能技术自动生成内容的生产方式。实际上，早在 2018 年的时候，人工智能科学家贾森·韦斯顿（Jason Weston）就曾经指出，创造性人工智能将是未来人工智能研究的重点方向。尤其是 2021 年 OpenAI 推出 DALL-E 模型之后，人们惊奇地发现：输入"牛油果椅子"，不仅可以让人工智能生产出在现实世界不可能存在的新事物或者新概念，还可以创造出一些现实世界中不曾有的物品。

2022 年更被媒体称为"人工智能绘画元年"。2022 年 8 月，在美国科罗拉多州举办的新兴数字艺术家竞赛中，参赛者提交了 AIGC 的绘画作品《太空歌剧院》，并获得了此次比赛"数字艺术/数字修饰照片"类别一等奖。要知道参赛者并没有绘画基础，这引发了关于人工智能作品是否能够获得奖项的多方争议。一方面，批判者认为人工智能在"学习"了前人大量的作品之后，其创作没有任何情绪和灵魂，没有创作过程，没有审美判断和调整，难以和人类的艺术创作相提并论。该作品只能被称作一种命题式自动生成作业。另一方面，支持者认为，创作者并不是敲击一下键盘就能获得这幅作品的，而是花费了超过 80 小时制作了 900 多个版本，并一遍遍地修改自己的提示词，之后使用 Photoshop 软件进行完善，此外还使用另一种人工智能工具提高了图像质量和清晰度，完成以上步骤后才在画布上打印出了相关作品。同时，这幅作品有很强的观赏性，人工智能的创作有其独特价值。无论争议有多大，《太空歌剧院》成为 2022 年大众关注 AIGC 的导火索，吸引了全世界的注意力，并成为 AIGC 破圈的里程碑事件。

更让人惊叹的是，在 2022 年 12 月 16 日，《科学》杂志发布了 2022 年度科学十大突破,"创造性人工智能的快速发展"位列其中,包含了以 DALL-E 为代表的 AIGC 模型、人工智能设计蛋白质、以 AlphaTensor 为代表的算法设计系统和以 AlphaCode 为代表的人工智能编程系统。《科学》杂志评价"AIGC 的出现就像过去人类接受织布机、照相机等发明过程一样"。对于任何一条产业链,一旦某个链条有可能出现大幅提高效率的新技术,这个领域的核心竞争力就会发生变化。

AIGC 绘画的生成速度也从最开始需要几天时间,之后逐步缩减到几小时、几十分钟,再到几分钟,甚至几十秒,这一变化过程仅在半年多的时间内就成为现实。英国伦敦国王学院的人工智能研究员迈克·库克(Mike Cook)甚至表示"这项技术发展得如此之快,以至于每次使用都会刷新用户的第一印象"。这让"人工智能转化为生产力"的想法有望成为可能,并且具有较强的产业价值:相比于人类自身的创作,AIGC 绘画具有创作成本低、创作速度快、易于批量生产等巨大优势。要知道,当年汽车出现的时候,时速仅仅只有 16km,根本跑不过马车,在初期一直摆脱不了"玩具"的标签。然而,现在我们出门基本离不开汽车,汽车已经成为我们日常生活中的重要交通工具。类似地,1825 年,火车刚刚试车成功的时候,这个又笨又大的铁家伙遭到的冷眼绝对比赞扬多。每当火车开出来的时候,总会有很多农场主驾着马车和火车赛跑,他们每次都能够把火车比下去。比完之后农场主就会在酒吧举杯相庆,一起调侃火车的笨拙不堪。近200 年过去了,再也没有比火车跑得快的马车,如果现在还有谁用马车与火车比赛,一定会被笑掉大牙。卓越的产品在刚开始的时候总会面临喝彩少而嘲讽多的状况,并为大部分人所不解。

如果说 2021 年 AIGC 还是研究人员在讨论的热点话题,那么 2022 年的大规模爆发说明这项技术在商业落地上具有一定的可行性,尤其是新一代模型可以处理的格式非常丰富(包括文字、语音、代码、图像、视频、机器人动作等),更多商业级产品和应用将会逐步出现。

上一代人工智能算法带来的是以广告推荐为代表的应用，AIGC 正在做的是让消费者有望成为创作者。2022 年 AIGC 的关注度可以说是技术积累和发展策略双重变革的产物。从这个层面来讲，2022 年成为 AIGC 的应用元年也有其一定的道理。

1.2 "生成"所引发的创意性工作革新

在传统的认知里，我们通常认为人工智能会率先替代体力劳动，然后再进入认知劳动领域，最后才是创造性劳动领域。这里的假设是创造性劳动对于今天的人工智能来说还是一件非常困难的事情。但是 AIGC 实际上会在非常开放的创新性场景中将人工智能的能力体现出来，这是一个颠覆大众传统认知的地方。未来，人工智能大概率还会替代一定量重复性的事务类工作，但是这类工作不仅仅是体力劳动的范畴，还有可能在创造性范畴之内。因此这一范式的转变将为我们带来更多新的启示。

比如，在互联网中有两种非常典型的形式——搜索和信息流。搜索其实是对所有已经生成的数据进行检索，在这个过程中，搜索引擎不断提升匹配结果的准确度。内容平台则主要激发少数创作者或者创作者机构生成更多高质量内容并通过算法进行分发推送，不断追求更优质的内容，而 AIGC 的出现则带来了一种新的可能。如图 1-1 所示，AIGC 可以针对每个人的个性化需求，通过精准的输入"生成"你所需要的高质量信息，以及所需要的信息呈现形式。例如，针对你的喜好和习惯，人工智能会生成娱乐形式的内容、教育形式的内容、音乐形式的内容、新闻形式的内容甚至是游戏形式的内容，而这种跨模态、可随机调用的内容生成方式将有望在未来成为常态。

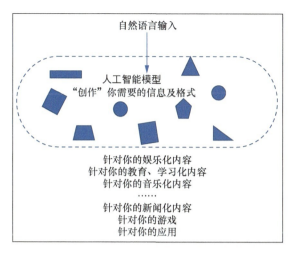

图 1-1　创作你需要的信息与格式示意图

正如《浪潮之巅》的作者吴军曾提到，对于深度学习而言，大的理论突破已经走到瓶颈期，人工智能下一个十年中的风口在于应用。果不其然，AIGC 正朝着快捷、便宜的方向快速发展，甚至在某些情况下比人类手工创造的内容更加符合需求。从产品设计到法律、从营销到销售、从编码到平面设计，都有可能会被 AIGC 所重塑。我们已经不再停留在实验室阶段关注人工智能的诸多"神话传说"，而希望人工智能能在解决实际生活问题中创造真正的价值。

1.3　内容生成方式进入新阶段

在 Web 1.0 时代，信息主要通过"只读"模式进行传递，内容的生产方以专业创作者为主。这一时期用户对内容的需求不高，且尚未真正了解自己需要的内容是什么，专业生产内容（Professional-Generated Content，PGC）的产出决定了我们能够获取到的绝大部分内容。

在 Web 2.0 时代，信息主要在用户之间通过网络双向沟通的方式进行交流。同时，内容的需求在不断地增加。为了满足这一时期的需求，内容生产从单一的 PGC 开始向 UGC（User-Generated Content，用户生成内容）转变，目前短视频领域的大量作品是由 UGC 产生的。

如图 1-2 所示，随着人工智能、云计算等技术的普及，AIGC 是继 UGC、PGC 之后，利用人工智能技术自动生成内容的新型创新生产方式。尤其是在后疫情时代，越来越多的用户将时间置于线上，由此带来的是对内容质量和数量需求的快速提升。当我们对内容的需求呈指数级增长的时候，仅靠人力生产是难以满足需求的，这也就为 AIGC 的发展打开了新的窗口。

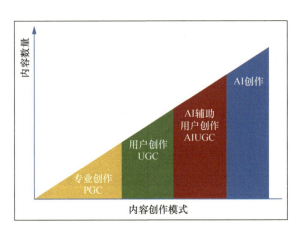

图 1-2　内容创作范式类别与特点（图片来源：A16Z、国泰证券研究所）

1.4　AIGC 在绘画领域率先破圈

自从工业革命以来，我们经历了多次技术变革。每次新技术革命进入经济社会范畴，都要经历导入期、展开期的周期交替。在导入期，新技术还没有被社会广泛采纳和应用，因此需要找到一片试验田，例如，在某个行业或者领域验证新技术的成果和稳定性，借此逐步在经济社会当中推广和普及。在展开期，技术价值已经被人们广泛认识，新技术打破原有限制，快速和各行各业融合并带来一系列生产生活变革。

从以上周期来看，AIGC 目前正处于导入期。而图像视觉领域正是 AIGC 想要找的"试验田"。实际上，视觉信息一直在网络中具有较强的传播力且容易被大众所感知，具有跨平台、跨领域、跨人群的优势，天然容易被人记忆和理解。同时，视觉信息的应用场景广泛，因此生成高质量的图像成为当前人工智能领域的一个现象级功能。尤其是 AIGC 绘画让更多人领略到了这项技术的魅力，用户只需输入一段文字，就可以生成一幅画作。

AIGC 绘画之所以引发人们的关注，主要在于从传播效应来讲，图像所带来的视觉冲击力更明显。回忆一下婴儿的成长经历，婴儿从小就用眼睛，也就是从视觉角度来观察这个世界，利用文字、语言等其他手段则是后天学习之后的方式。因此，人们通过视觉获得信息具有天然优势，这也是 AIGC 绘画应用普及的根本原因之一。在互联网时代，营销是企业主要的变现方式之一。承载营销的一种重要方式就是更加具有视觉冲击力的图文、视频等富媒体内容。

如同移动通信时代的 5G、手机摄像、音视频编解码等技术的落地与实现，释放出新类型的应用一样，AIGC 也将有望激发新一波生成性应用。或许 10 年之后，AIGC 将融入我们的生活，如同微信、智能手机、短视频一样，成为我们工作、创作和娱乐的方式。例如，备忘录可以帮我们写好周报，把文字变成电影只需几分钟时间，用户可以按照自己的意愿对游戏场景进行搭建和拓展。这些想象或许当下难以实现，但是以 AIGC 的发展速度，尤其是当我们看到 AIGC 可以产生复杂的功能代码或者精彩的图片之后，相信未来人工智能将在我们的工作和创作中发挥更重要的作用。典型的 AIGC 绘画模型如表 1-1 所示。我们相信这些遥不可及的场景将很快变得触手可及。

表 1-1 典型 AIGC 绘画模型

序号	AIGC 典型模型	特点	发布时间
1	GAN	不稳定，分辨率低，难以原创	2014 年
2	CAN	表达抽象，可以原创	2017 年
3	DALL-E	文字转绘画，绘画水平一般	2021 年 2 月
4	CLIP+VQGAN	文字转绘画，开源，绘画水平一般	2021 年 4 月
5	Disco Diffusion	文字转绘画，开源，具有原创性，图片精美，渲染时间长	2022 年 2 月
6	Midjourney	文字转绘画，付费，适合人像，细节突出	2022 年 3 月
7	DALL-E2	文字转绘画、付费，限制较多，对复杂文字理解准确，渲染快	2022 年 4 月
8	Stable Diffusion	文字转绘画，开源，具有原创性，灵活度高，图片精美，具有真实感，渲染快	2022 年 8 月
9	Imagen	有限公开，效果好于 DALL-E	2022 年 11 月

1.5 典型的 AIGC 模型

海外模型

1. Stable Diffusion

Stable Diffusion 由来自慕尼黑大学的 Robin Rombach（Stability AI 公司）和

Patrick Esser（Runway 公司）的团队，在 Björn Ommer 教授的领导下主导开发。Stable Diffusion 作为文本生成图像模型，由于交互简单、生成速度快，极大地降低了使用门槛。因此 Stable Diffusion 成了当前热门的 AIGC 绘画生成应用，其理念是 "AI by the people, for the people"（可理解为 "AI 取之于民，用之于民"）。Stable Diffusion 不仅公开了算法和训练数据，也公开了训练好的模型参数，与同类型的模型相比 Stable Diffusion 要小很多。

Stable Diffusion 主要由三个部分组成，分别是 VAE、U-Net 网络和 CLIP 文本编码器。在具体的实现过程中，首先使用 CLIP 模型将文本转换为表征形式，然后引导扩散模型 U-Net 在低维表征上进行扩散，之后将扩散之后的低维表征送入 VAE 中的解码器，从而实现图像生成。

2022 年 10 月 18 日，Stability AI 公司获得 1.01 亿美元投资，估值达 10 亿美元，公司宣布将继续研发拥有生成图片、语言、音频、视频和 3D 的 AIGC 生成模型。

2. DALL-E 2

DALL-E 2 来自 OpenAI，命名来源于著名画家 Dali 和机器人总动员 Wall-E，是在 DALL-E 的基础上的升级版，其分辨率是之前版本的 4 倍，发布不到 3 个月注册用户就超过 100 万。DALL-E 2 有着较好的理解力和创造力，参数达到了 3.5 亿个。

DALL-E 2 主要由三个模块组成，分别是 CLIP 模型、先验模型和扩散模型。CLIP 模型主要是用来对齐文本和图片特征，其中先验模型主要是将文本表征映射为图片表征，扩散模型则是根据图片表征来生成完整的图像。首先使用 CLIP 文本编码器来获得文本编码，之后使用先验模型将文本编码映射为图片编码，最后使用扩散解码器用图片编码生成完整图片。

当然，DALL-E 2 也有不足之处，例如容易将物体和属性混淆，无法精准地通过文本在图像中得以实现等。

3. Imagen Video

Imagen Video 倾向于打造高质量视频。其工作原理与 DALL-E 2 比较像。首先将文本极性编码表征，之后使用扩散模型将表征映射成为完整图像，同时会通过两个扩散模型来进一步提高分辨率。由于 Imagen 使用了 T5-XXL 模型直接编码文本信息，然后使用条件扩散模型，直接用文本编码生成图像，因此在 Imagen 中不需要学习先验模型。同时，Imagen 在语义保真度上做得更好。

4. Make-A-Video

Make-A-Video 是 Meta 公司在 2022 年 9 月发布的，使用者可以用文本的方式生成简洁和高质量的短视频。Meta 使用的系统模型可以从文本－图片配对数据中，学习现实世界的样子并从视频片段中推理没有文本情况下的变化。从实现场景来看，Meta 也提供了多种使用方式，比如使用文本描述不同类型的场景动作、使用单张或一对图片生成变化视频、在原始视频中加入额外的元素和变化等。

国内模型

1. 太极

腾讯基于自身在自然语言处理和图像多模态等方面积累的经验，打造了通用场景模型——太极文生图大模型。太极文生图采用了 Diffusion 路线：使用在表情场景积累的 Imagen 生成技术（RGB 空间 Diffusion），生成的图片相关性很好；使用 Stable Diffusion 技术（Latent Diffusion）生成的图片细节相对更为丰富。因此太极文生图是两套模型并行研发的方案，并在原分辨率基础上进一步优化了超分模型，支持 1024 像素 ×1024 像素的分辨率。

图 1-3 展示了太极文生图大模型在剪纸艺术方面的作品。

图 1-3　腾讯太极模型生成的剪纸艺术图

为保证大模型能够快速高效落地，太极文生图还定制开发了配套的太极 -HCF ToolKit，它包含了从模型蒸馏、压缩量化到模型加速的完整能力。在文字生成图像的场景下，使用其中的 HCF 异构加速组件进行 SD、Imagen 的模型推理加速，整体性能与业界领先水平相当。后续，太极大模型将持续集成使用 HCF ToolKit 相关组件，并在算子定制、图优化、模型压缩等方向持续发力，确保文生图服务的整体性能。

2. 文心一格

2022 年百度世界大会上，百度公司对外发布了 AIGC 应用，百度公司创始人李彦宏将 AIGC 的发展分为助手、协作和原创三个阶段。至此，AIGC 开始在国内各大互联网公司全面推进。同时，百度公司也发布了自研的 ERNIE-ViLG 文生图模型，包括工业设计、游戏制作、服装设计、Logo 设计、盆栽设计、动漫设计、珠宝设计、传统艺术等诸多领域。用户可以输入自然语言让 AI 生成符合描述的图像。还有一个显著的特点在于，ERNIE-ViLG 模型能够深刻地理解中文表达，也更了解中国文化，这对国人在使用模型的时候更加便利。据了解，百度公司也主动开放了 ERNIE-ViLG 模型的 API 接口，以此降低 AIGC 的应用门槛，推动相关应用规模化和产业化。

3. 太乙 Stable Diffusion

当前国内的 AIGC 应用，主要是基于翻译 API 加上英文的 Stable Diffusion 模型进行开发，但是由于中英文之间存在着文化差异，导致我们在输入文本的时候，会遇到对于中文独特的叙事和表达，英文模型很难正确匹配图像内容的情况。为此，粤港澳大湾区数字经济研究院（以下简称"IDEA 研究院"）开源了第一个中文版本的 Stable Diffusion 模型——太乙 Stable Diffusion，该模型基于 0.2 亿筛选过的中文图文对进行训练，从而实现了具备中文内核的 AIGC 模型。图 1-4 展示了太乙 Stable Diffusion 大模型的作品。

图 1-4　太乙模型生成的图像

2022 年 11 月，IDEA 研究院开源了第一个中文 Stable Diffusion 模型和中英双语 Stable Diffusion 模型，并利用太乙 CLIP 模型替换了英文的语言编码器。当前的 AIGC 模型还无法和具有中国特色文化背景的语言相结合，太乙模型将有望加快 AIGC 全球市场化过程中中国文化产业的数字化转型发展，促进各个相关行业的升级。

4. CogView

智源研究院在 2021 年 5 月推出了中文的文图生成模型 CogView，这项工作和 OpenAI 可以说是在同一时期开展的技术探索。2022 年上半年，智源研究院推出了 CogView2.0 和视频生成 CogVideo。在 Stable Diffusion 开源之后，智源研究院也基于 Stable Diffusion 尝试做了中文版和国画版，生成效果非常不错。

5. MSRA

2021 年 11 月微软亚洲研究院与北京大学联合发布了女娲模型，女娲模型用来从输入的文本、图像或者视频生成图像或者视频。同时，女娲模型还具备图像补全等多种功能。

6. ModelScope

阿里巴巴达摩院联合 CCF 开源发展委员会共同推出 AI 模型社区"魔搭"（ModelScope），旨在降低 AI 的应用门槛。达摩院率先向社区贡献了 300 多个经过验证的 AI 模型，超过三分之一的模型是中文模型。这些模型全面开源、开放，并把模型变为直接可用的服务。

7. MagicMix

字节跳动公司发布了 MagicMix 模型，模型可以将任意两个语义进行组合，生成全新的概念，再基于新概念进行图像生成。例如图 1-5 的原图是一只小兔子，可以生成老鼠型兔子、牛型兔子等（参见图 1-5）。

图 1-5　MagicMix 模型效果示意图

8. DPM-Solver

随着 Stability AI 的开源模型 Stable Diffusion 被广泛使用，业内专家也在不断对该模型进行优化。扩散模型在使用的过程中需要进行去噪，整个过程需要串行计算 50～100 步才可以获得较高质量的图片，这导致生成一张图片的时间会较长，限制了模型的部署和落地。为此清华大学的朱军教授带领团队提出了 DPM-Solver，该模型是一种针对扩散模型特殊设计的高效求解器，这种算法不需要额外的训练，同时适用于离散时间和连续时间模型，可以在 20～25 步内实现收敛，并且只用 10～15 步就能获得非常高质量的采样。在 Stable Diffusion 上，串行计算 25 步的 DPM-Solver 就可以获得优于 50 步 PNDM 的采样质量，因此采样速度直接翻倍。这一基于 DPM-Solver 的创新使扩散模型的采样速度不再是瓶颈。

在人类科技发展史上，每一次巨大变革主要是围绕以下两个方面：一方面是人与世界之间的关系，另一方面是建立人与人之间新的关联。在门户网站时代，我们利用门户网站给用户打开了一扇窗户，大家可以通过门户网站来获得更多的数字信息。假如搜索引擎和门户网站是连接人和世界的管道，那么人们就会通过这个管道来获取世界上的信息和内容。在搜索引擎时代，更多的则是信息从另一端推送给用户。同样是管道的架构，但是不同的管道和不同的技术让信息能够更好地进行结构化处理，并让用户更好地获得所需要的信息。AIGC时代会诞生一种新结构，首次把人与世界的连接、人与人之间的连接更好地结合在一起，而且是用一种更加自然的方式。这种方式就是使用自然语言实现人与计算机之间的交互。如果用户想要获得自己喜欢的内容并不断调整，那么推荐引擎将替代搜索引擎成为主流。

想要更加全面地理解AIGC的内核，我们需要先看看过去几十年人工智能的发展都经历了哪些里程碑事件，以及它们对当前AIGC的发展有哪些重要贡献。

第 2 章

模型即服务时代的到来

2.1 模型即服务的历史进程

早期人工智能在曲折中探索

近年来,在人工智能领域,尤其是人工神经网络(也可简称为"神经网络")的受关注度异常火爆。简单来讲,神经网络就是模拟人类大脑中神经元运作模式的计算机系统,其中的参数描述了神经元之间连接的权重,模型通过反复调整权重,被训练到能够输出研究人员想要得到的特定内容为止。因此,人工智能就是伴随着人们对神经网络研究的不断深入而逐步演进的。回顾历史,人工智能的发展不过 60 多年,但是已经经历多次发展的高潮和低谷。

1956 年,美国心理学家 Frank Rosenblatt 发明了一种早期的神经网络模型——Perceptron Model,这个模型只有 8 个模拟神经元,能够完成的工作就是对简单的图像进行分类。IBM 在这些研究的基础上,实现了最早的机器语言翻译系统,可以在英语和俄语之间进行互译。同年夏天,在 Dartmouth College 的一次会议上,人工智能领域的知名专家,例如马文·明斯基(Marvin Minsky)、克劳德·香农(Claude Shannon)、约翰·麦卡锡(John McCarthy)、赫伯特·西蒙(Herbert Simon)和艾伦·纽厄尔(Allen Newell)等人,把"人工智能"正式定义为计算机科学的一个全新的研究领域,这些先驱也被称为人工智能的奠基人。

这些人工智能的大佬个个能力超群。比如约翰·麦卡锡开发了程序语言 Lisp,并在 1971 年获得了著名的图灵奖;克劳德·香农是通信领域的鼻祖,提出了大名鼎鼎的香农定理,我们所熟悉的 5G 网络,它的基础理论都离不开香农定理；赫伯特·西蒙和艾伦·纽厄尔在达特茅斯会议上报告了世界上第一个人工智能项目"逻辑理论家（the Logic Theorist）"。

早期的人工智能先驱，希望能够教会计算机模仿人类做一些复杂的任务，为此他们将人工智能的研究分为了5个领域，分别是推理、规划、自然语言处理、知识表述和感知。实际上，以上领域在当下也是人工智能探索和应用的重要方向。1955—1974年是人工智能发展的第一次高潮，人们发现计算机可以证明数学定理、学习使用语言，大量成功的初代人工智能程序和研究方向不断出现。

然而遗憾的是，科研人员发现，虽然机器可以拥有简单的逻辑推理能力，但是在运算能力、对世界的认知等方面，当时的人工智能还难以达到，从而限制了其发展。就连当前知名的人工神经网络也被马文·明斯基本人看衰。1966年马文·明斯基等人在《感知机：计算几何学导论》（*Perceptrons: an introduction to computation geometry*）一书中明确表示：由于硬件的限制，只有几层的人工神经网络仅能执行一些最基本的计算。为此整个人工智能领域进入迷茫期，同时人工智能也首次迎来了其发展史上的低谷期。这里面既有技术的局限性，也有对技术过高承诺而引发的过高期望，最终导致人们针对人工智能研究的批评和失望。

但现实发展却超出了AI先驱的悲观预测。尤其是20世纪80年代以来，计算机性能的快速提升，使计算机编程语言可以通过程序结构（例如条件、循环等）来实现逻辑功能。这一时期的人工智能基本上成为专家系统（Expert System）的代名词，并获得了快速发展。专家系统其实就是一个智能计算机程序系统，吸纳了某个领域的海量知识和经验，可以模拟人类专家的决策过程来解决那些需要人类专家处理的复杂问题，从而提升整体的工作效率。简而言之，专家系统是一种模拟人类专家解决专业领域问题的计算机程序系统。比如我们熟知的专家系统——IBM 的超级计算机"深蓝",IBM 从 1985 年开始研发"深蓝"计算机,它是专门针对国际象棋的专家系统,"深蓝"计算机的技术思路就是通过整合国际象棋的规则和经验来模拟人类专家进行逻辑推理和判断,并在 1997 年击败了国际象棋大师加里·卡斯帕罗夫(Garry Kasparov),引发广泛关注。

但是短暂的热潮之后,专家系统也开始暴露出大量问题,例如硬件存储空间的限制以及系统维护成本的增加、专家系统的知识领域过于狭窄并且难以解决具体问题、不会自己学习等问题逐渐让专家系统陷入困境。甚至有人调侃 IBM 的超级计算机"深蓝"只会下国际象棋,因为"深蓝"在战胜人类国际象棋选手之后并没有在其他领域发挥出较大作用和价值,至此人工智能发展第二次陷入低谷。

深度学习引发关注

人工智能虽然经历了两次发展高潮和低谷,但是研究人员并没有气馁更没有放弃对人工智能的探索。尤其是随着计算机性能的快速提升,困扰人工智能发展的算力问题得以逐步缓解。虽然 GPU 的设计初衷是加速 3D 图形计算,但是 GPU 的计算模式正好匹配了人工神经网络中并行计算的需求,从而让神经网络模型再次回到大众的视野当中。1986 年,"深度学习之父"杰弗里·辛顿(Geoffrey Hinton)发表了一篇深度神经网络的论文"DNNs - Deep Neural Networks",从而揭开了深度学习的新篇章。尤其是"反向传播"概念的引入,可以让研究人员通过调整权重,来使神经网络更加接近正确的输出,轻松实现多层的神经网络(在 AIGC 绘画的部分,我们将详细介绍这一过程是如何实现的)。

神经网络是深度学习的一部分,在 2012 年开始逐步兴起。现代神经网络模型的网络结构层数很深，动辄有几百万、上千万甚至上亿的参数，这些神经网络模型在能够做任务之前，都是需要进行"训练"的，即根据标注好的特定训练数据反复调整模型里的参数，当所有参数调整完成后，模型便能够匹配训练数据集的输入和输出。

那么这些神经网络模型该如何训练呢？

研究人员发现神经网络模型有一个有趣的特点：对于图像领域的深度学习神经网络而言，不同层级的神经元学习到的是不同逻辑层级的图像特征。以人脸为例，底层神经元学习到的是基本线段等特征；第二层神经元学习到的是人脸五官特征；第三层神经元学习到的是人脸轮廓特征；第四层神经元构建了人脸特征的逻辑层级结构。也就是说越是底层的神经网络，所学习到的特征就越基础、抽象，越是上层的神经网络所学习到的特征就越具体、具象。因此底层的神经元体现了通用性和基础性的特征，高层的神经元则与具体的特定的任务密切相关。这样一来，我们就可以用标准的数据集对深度学习神经网络进行"预训练（Pre-train）"，再结合具体的任务和具体的数据对上层的网络参数进行微调。在此基础上，就可以把模型的基本能力训练好，再有针对性地进行打磨。这也是当前主流的神经网络训练的过程，即预训练（Pre-train）+精调（Fine-tuning）的方式。很多科技公司将自身开发的大模型开源或开放API，供下游应用者在这些模型上进行参数微调或者使用标注数据打造特定功能，以取得较好的表现。虽然这个思路很好，但是预训练依然需要庞大的数据量，并且这些数据非常难以获得。

也就是说，神经网络作为深度学习的一个革命性的领域，如果要让它发挥作用，就需要海量的数据，而数据集就成为深度学习得以持续发展的重要支撑力量。时任斯坦福大学人工智能实验室主任的李飞飞教授早在2009年就发现数据对神经网络学习算法的发展至关重要，同年还发表了相关论文。李飞飞做了一个大胆的创举，那就是创建了日后大名鼎鼎的 ImageNet 数据集，而且 ImageNet 发布的时候就已经拥有超过 1000 万的数据，涉及两万多个类别，并且知名度非常高。2010 年以来，ImageNet 开始大规模视觉识别挑战赛（ImageNet Large Scale Visual Recognition Competition，ILSVRC）开始举办，短短几年时间，在 ImageNet 参赛的团队把图像中物体分类的准确度提高到了 98%，已经超过人类的平均水平。ImageNet 不仅引领了深度学习的革命，也为其他数据集发展开了先河。自 ImageNet 创立以来，已有几十种新的数据集被引入，数据更为丰富，分类更为精准。

在深度学习理论和数据集的共同推动下，2012 年以来，深度神经网络算法研究进入发展的快车道，例如卷积神经网络（Convolutional Neural Network，CNN）等。卷积神经网络是基于两类细胞的级联模型，主要用于模式识别等任务。它在计算上比之前的大多数架构更有效、更快速。至此我们会发现，人们对大脑的工作机制认知每加深一步，神经网络的算法和模型也会前进一步。随着神经网络的快速发展，深度学习领域的大部分研究也主要集中在该领域。

2.2 典型的深度学习网络

生成对抗网络

生成对抗网络（Generative Adversarial Network，GAN），是深度学习领域的一个重要里程碑。生成对抗网络可以帮助神经网络用更少的数据进行学习，生成更多的合成图像，之后还可以用来识别和建设更好的神经网络。2014 年，伊恩·古德费洛（Ian Goodfellow）在蒙特利尔的一家酒吧里想到了这个思路：生成对抗网络是由两个神经网络来玩"猫捉老鼠"的游戏。一个是生成器，另一个是判别器：生成器用来创造出看起来像真实图像的假图像，而判别器则用来判断它们是否是真的。如图 2-1 所示，在相互对抗中，生成器生成的图像逐渐达到以假乱真的地步，从而让判别器难以判断真假，使得生成的数据分布更加接近真实数据分布。伊恩·古德费洛还在原始论文里做了一个形象的比喻——警察和假钞犯的例子，即警察不停地使用越来越强的验钞机，逼迫假钞犯露出破绽，但随着验钞机的能力越来越强，假钞机的模仿能力也变得越来越强。

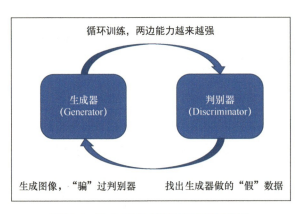

图 2-1　生成对抗网络基本原理示意图

GAN 有助于创建图像，还可以创建现实世界的软件虚拟场景，例如英伟达就是采用大量的生成对抗网络技术来增强虚拟现实模拟系统的。

GAN 的最大优势是其不依赖于先验假设，而是通过迭代的方式逐渐学习到数据的分布。因此，目前 GAN 已经广泛应用在媒体、广告、游戏、娱乐等行业，可以用来创造虚构的任务、画面，模拟人脸老化、图像风格变换以及产生化学分子式等。早期的 GAN 生成图像的效果比较一般，但研究人员加快创新和进一步优化模型，尤其是 StyleGAN 的出现让生成的图像足以以假乱真。

如图 2-2 所示，图中的人脸均由 StyleGAN 模型生成，值得注意的是，这些人脸并非从真人照片中修改而来，而是模型从零开始生成的全新人脸。这些图片来自 Tero Karras 等人 2019 年发表的论文"一种基于风格的生成对抗网络生成器架构"（A Style-Based Generator Architecture for Generative Adversarial Networks）。

图 2-2 GAN 模型生成的高清人脸

但是 GAN 也有一定的不足，主要集中在稳定性和收敛性方面。例如，GAN 的生成器和判别器之间需要很好地同步，但是在实际训练中很容易出现判别器收敛而生成器发散的情况，因此两者的训练需要精心设计才能避免不同步的情况出现。另外，如果 GAN 模型对于输出结果的控制力不足，就容易产生随机图像，同时图像的分辨率也不高。更为重要的是，让生成的数据分布接近真实数据分布，还会产生新的问题，那就是生成的内容是非常接近现有的内容，但很难实现突破和创新。

Transformer

Transformer 是继 GAN 之后，深度学习领域的另一个重大研究成果。2017年谷歌和多伦多大学的研究人员共同发表了一篇著名的论文"Attention Is All You Need"，该论文提到了一个自然语言处理的模型 Transformer。Transformer 是一款基于自然语言的序列传导模型，论文简洁清晰地阐述了这个新的网络结构。Transformer 基于注意力机制，不需要进行递归和卷积，因此模型在质量上更胜一筹，需要的训练时间也减少了很多。目前，发表"Attention Is All You Need"这篇论文的 8 个人中有 6 个人已经开始创业（参见图 2-3）。

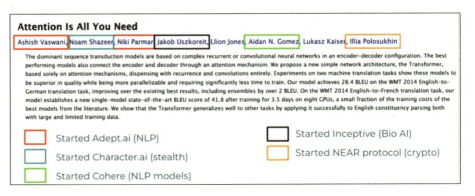

图 2-3 Transformer 论文截图

由于 Transformer 诞生于自然语言理解领域，因此对人类语言的理解更加容易。例如这句话："青蛙发现了一只蝴蝶。它试图抓住它，但是只抓住了翅膀的末端。"这里面第二个句子的结构令人困惑："它"指的是什么？如果是卷积神经网络，则只会关注"它"周围的词，并不理解"它"到底指代的是什么。但是如果把每个词和其他词结合起来，就会发现这两句话是说"青蛙抓住了蝴蝶，蝴蝶失去了部分翅膀"。这种关联性就是 Transformer 模型中提到的"Attention"机制，而且这种方法和人类思考模式很接近。

为什么这么说呢？

因为"Attention"机制模仿的就是人类视觉所特有的大脑信号处理机制。具体来讲，在看一幅图像或一段文字的时候，眼睛会快速扫描全局，找到需要重点关注的部门（即所谓的注意力焦点），之后再进一步对相关区域进行仔细观察。这是人类在长期进化中获得的一种生存技能，这种机制极大提高了我们信息处理的效率和准确性。更进一步说，Transformer 的这个"Attention"机制，成功消除了训练数据集需要标注的需求，这一变化让互联网或者企业里的海量文本数据可以直接成为模型训练的数据源，这可以说是具有标志性的创新。

Transformer 是一个具备强大通用性的底层架构，2018 年在其基础上实现了第一款自然语言处理模型——BERT。BERT 模型没有使用预先标记的数据库进行训练，而是采用了自我监督学习的方法进行。当 BERT 模型在海量的文本中进行分析挖掘的时候，能够自行找到隐藏的单词或者根据上下文猜测其中的含义，这种做法和我们考试做题的思路很接近，非常类似于人类大脑学习的机制。之后这类模型又被其他人工智能机构广泛采用，在语言、视觉、多模态等领域，都有着很好的应用。可以说 Transformer 语言模型在理解文本方面的能力实现了质的飞跃。我们现在熟知的很多模型都来自 Transformer，具体如图 2-4 所示。

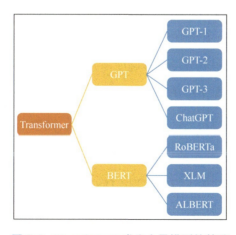

图 2-4　Transformer 成为大量模型的基础

自然语言是所有可训练数据中最丰富的，能够让基础模型在语境中学习、转换成各种内容形式，到 2019 年，人工智能理解人类自然语言的水平就已经超过人类平均水平。也就是说在这个时候，人工智能已经具备了"能听会看"，下一步的突破就是理解、思考和决策。也正因为如此，大规模语言模型（Large Scale Language Model，LSLM）成为新一轮科技巨头的竞争领域。

2.3 大公司探索之路

在大规模神经网络模型领域，有两家公司以及他们的大模型的一举一动，都会引发全球科研人员、媒体、创业者的较大关注，那就是 DeepMind 和 OpenAI。

DeepMind

2014 年，谷歌以 5.25 亿美元收购了 DeepMind。DeepMind 之所以为世人所熟知，是因为其在 2015 年开发的 AlphaGo，首次在围棋比赛中击败了人类冠军选手李世石。DeepMind 的使命就是解决智能问题，然后用这种智能解决其他问题。在 AlphaGo 之后，AlphaGo Zero 用新的自我博弈来改进算法，进一步巩固了在围棋领域的优势地位。此外，在医疗生物领域，DeepMind 也发挥了巨大作用。2020 年 AlphaFold 成功将蛋白质结构预测的准确度提升到了 90%，大幅超过其他竞争对手。研究人员在《自然》杂志上发表的文章中提到，像处理文本字符串一样读取氨基酸链，用这种数据转换成可能的蛋白质折叠结构，该项工作可以加速药物的发现和创新。而 AlphaFold 同样是基于 Transformer 结构的深度学习模型。

针对当下比较热门的人工智能编程，DeepMind 也推出了人工智能编程的最新研究成果，那就是 AlphaCode，并且登上了《科学》杂志的封面。如图 2-5 所示，在新的论文中，DeepMind 还透露了 AlphaCode "一次通过率"达到了 66% 的较好成绩。同时，AlphaCode 在 10 场编程比赛中成绩超过了一般的人类编程选手。

图 2-5　AlphaCode 论文截图

OpenAI

OpenAI 创立于 2015 年，由埃隆·马斯克（Elon Musk）、彼得·泰尔（Peter Thiel）、雷德·霍夫曼（Reid Hoffman）等知名科技领军人物投资成立。OpenAI 的使命是研发通用人工智能（Artificial General Intelligence，AGI）。2020 年，OpenAI 推出的 GPT-3 成为备受关注的自然语言模型之一，被人们戏称是"下岗工人制造机"。通过 GPT-3 的 API 接口可以实现自然语言同步翻译、对话、撰写文案、撰写代码等工作，用户甚至让 GPT-3 进行论文撰写方面的尝试。目前，GPT-3 开发的 ChatGPT 已经对外发布，其不但可以修复代码还能生成人工智能绘画的提示词。GPT 其实是 Generative Pre-trained Transformer 的缩写，翻译为中文就是"生成式预训练"，这和本书的主题 AIGC 正好不谋而合，从这个侧面也可以看出 OpenAI 对于生成式人工智能的坚定信念和不懈探索。而且，当前在人工智能绘画领域较为火爆的应用 DALL-E 2 也同样出自 OpenAI。

在模型不断创新的同时，模型参数数量也在飞速增加。前面提到的 BERT 模型，当时的 3 亿个参数已经引发大量关注，甚至改变了人工智能模型的游戏规则。我们可以看到 OpenAI 研发的模型，从 GPT-1 到 GPT-3，模型参数的数量一直在快速增加。如图 2-6 所示，在 2018 年 GPT-1 诞生的时候，模型参数为 1.17 亿个，2019 年的 GPT-2 模型参数达到了 15 亿个，而 2020 年发布的 GPT-3 模型参数增加了 100 多倍，达到 1750 亿个。同时，其他全球知名科技公司不断公布自己拥有上千亿参数的大模型：DeepMind 的 Gopher 模型有 2800 亿个参数，谷歌的 GLaM 模型有 1.2 万亿个参数等。此外，2023 年 GPT-4 的发布进一步加速了技术迭代。因此，专家提出，人工智能发展已经进入大模型时代。

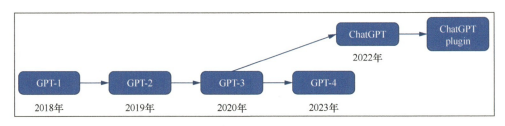

图 2-6　GPT 主要发展节点示意图

当然，大模型的"大力出奇迹"不是免费的，训练需要大量数据和计算能力。例如，GPT-3 最初接受了 45TB 的数据训练，训练耗资 1200 万美元。但是一旦模型经过训练之后，它就具备了通用能力，人们可以用更少的数据针对特定领域进行微调。例如，OpenAI 发现，只需要 100 个特定领域数据的具体示例，就可以显著提高 GPT-3 输出的准确性和相关性。

2.4　基础模型普及的关键节点

基础模型的能力与服务

2021 年，斯坦福大学李飞飞教授与 100 多位学者联合发表了 200 多页的研究报告"On the Opportunities and Risk of Foundation Models",在报告中专家把 Transformer 称为"基础模型(foundation Models)",也就是说 Transformer 作为基础模型已经成为推动人工智能新一轮发展范式的基座。为此,基础模型也引发了行业内的热烈讨论。

一些研究成果中已经证明了大型基础模型的价值,即随着模型的增大,输出效果会更好。例如,在"Beyond the Imitation Game: Quantifying and extrapolating the capabilities of language models"这篇论文中,研究人员发现随着模型增大,会呈现类似线性相关的变好效果,或者说模型超过某个临界点之后,模型性能会随着模型增大而大幅提升(参见图 2-7)。

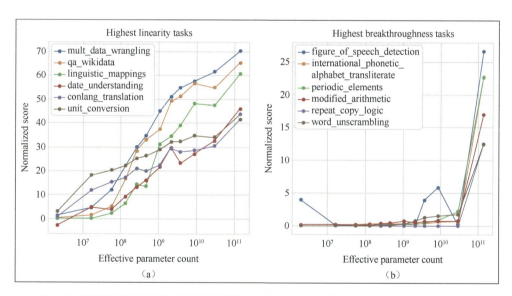

图 2-7　模型性能随着参数规模快速提升(来源:论文"Beyond the Imitation Game: Quantifying and extrapolating the capabilities of language models")

当然,这些结论主要是通过实验得到的,还难以通过清晰的理论进行解释。不过这无疑给了大家很多期待,那就是随着训练方式的不断优化和数据集质量的不断提升，人工智能可能会迸发出更多的可能性。回顾人工智能的发展，我们会发现基础模型的意义在于创新和整合：创新意味着未知和不可预测，但这也是科学发展的源头；整合意味着基础模型能够把不同的方法论进行消化吸收，用统一的方法完成不同的工作。

实际上，人工智能的发展就是一个不断创新和整合并持续前行的过程。也就是说一个基础模型如果可以集中来自各种模型的数据，那么这个模型就可以广泛适应各种任务。如图2-8所示，除了在翻译、文本创作、图像生成、语音合成、视频生成这些耳熟能详的领域大放异彩之外，基础模型也将被用在其他专业或更加垂直的领域。大模型之所以能够引发关注，主要原因在于大模型的底层特性使其能够承担一种"基础设施"的功能。为人工智能应用打好底座，这也是大模型被称为"基础模型"的意义所在。基于统一的底层架构所开发的模型将会变得可维护、可迭代、可扩展，在此基础上整个人工智能生态都将受益。

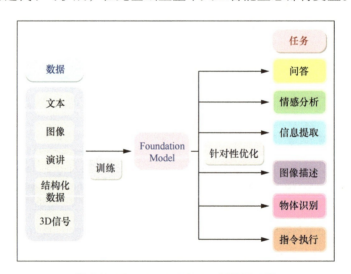

图 2-8　Foundation Model 的转换过程

人工智能有望进入"工业生产时代"。

当然，这个阶段不会一蹴而就，模型即服务要想快速发展需要经历多个阶段。以 AIGC 为例，我们看看大模型的发展需要经过哪些步骤。

模型成熟期：主要体现在特定模型在大规模测试后，指标趋于稳定，模型稳定是产品和技术持续输出的关键和基础，因此需要确保模型能够稳定处于理想状态。随着模型进一步完善以及模型访问趋向免费和开源，之后应用层面的创造力爆发时机将进一步临近。

产品形态成熟期：产品形态需要符合创作者使用习惯，例如可以对提示词进行多次修改、有充足的接口、对非专业人士界面友好、具备低代码或者零代码门槛要求等。

核心场景稳定期：AIGC 若想长期为用户所接纳，就需要找到能够充分体现其核心价值的关键场景，从而让技术能力充分发挥。

产业生态期：随着场景、产品的成熟稳定，AIGC 将随着行业业务流程、产业基础设施的发展而进一步完善并融入其中，模型即服务将走进现实。

类似地，美国知名投资人 Chamath 也谈到模型即服务将会颠覆现有的 SaaS 服务。他表示，"很多软件尤其是企业服务领域的软件，将会被替换为一个单一的模型，来帮助我们解决特定的问题"。毫不夸张地说，如果在 AIGC 时代，企业想仅靠应用层面的竞争而成为下一个科技龙头，显然难以实现。我们从人工智能的发展历程中已经明显地看出，模型的迭代和进步才是 AIGC 爆发的关键。谁能够掌握更先进的人工智能模型，谁就拥有开启新时代的钥匙。

曾经热议的云，今后的基础模型

正如我们 10 年前看到云计算兴起、SaaS 服务成为诸多企业的标配一样，10 年后的现在，我们又站在了人工智能原生产品的新起点上。

10 年前，云计算服务让企业不再需要单独配置服务器和数据库，相关工作可以交给专业团队。同时也不需要开发大量工具软件，通过 SaaS 服务可实现即取即用，而且迭代和改进速度更快。因此，我们已经看到软件价值链在过去10年中发生的巨大变化，这一变化也带来了技术生态系统的巨大变革。

而10年后的今天，我们再次处于新的起点，这一次将由人工智能来驱动。未来人工智能将成为每个应用软件的核心组件，同时基础模型将成为主要推动力。

一是模型创新服务。就如同云计算的出现，革新了软件价值链，带来新商业模式的创新，大模型的落地也将催生出新的模式，例如新型托管基础设施（Managed Instructure）可以帮助企业在基础模型之上为用户提供"超级个性化"服务。这些模型的价值来自巨大的规模效应，用户可以根据产品内的定制或者个性化程度来付费。创业团队不需要自己从0到1进行大模型训练，甚至不需要掌握大量特定的机器学习专业知识，就可以更容易地在产品中部署模型。未来，在大模型和具体的人工智能应用之间，有望诞生一个中间层，成为新的创新领域。甚至会出现一批专门负责调整大型模型，以适应具体人工智能产品需求的初创公司。能做好这一点的初创公司将会非常成功，同时这也决定了它们能在"数据飞轮[1]"上走多远。

二是人工智能原生产品（AI-native）。人工智能原生产品将帮助企业建立"护城河"，并随着时间推移带来价值的增长。企业若能开发出利于理解、模型界面易于学习的产品，并将其应用到现有的工作流程和工作结构中，可产生更加精准和可控的输出。而基础模型也在其中发挥重要作用。一方面，基础模型可以带来较好的效果；另一方面，在垂直任务上对模型进行完善和微调，最终能获得较好的效果。比如，机器人手臂被训练来捡东西，智能驾驶汽车经过训练实现智能驾驶，未来的人工智能应用都可以从模型的使用中受益。就如同智能手机的出现催生出众多App一样，强大的人工智能模型也将孵化出各种人工智能应用的平台和

---

[1] 数据飞轮：使用更多的数据可以训练出更好的模型，吸引更多用户，从而产生更多用户数据用于模型训练，形成良性循环。

大量商业机会。

基础模型的通用性

总的来看，基础模型目前有两个特点：一方面参数多、训练数据量大，有效提升了人工智能自身的能力和运算突破性；另一方面使用小样本学习方法，人工智能不用一遍遍从头开始学习，可以碎片化选取自己需要的具体领域或者行业数据来执行。对于基础模型，可以在此基础上给予一定量特定内容的训练数据，就可以通过输入要求来完成撰写新闻、编写故事、做电影剧本等各种领域的工作。

基础模型被媒体称为"通用技术"，可以与蒸汽机、印刷机、电动机等类比，被视为推动生产力长期发展的关键因素。通用技术具有明显的特征，例如核心技术迭代速度快、跨部门适用性强、溢出效应明显等特点，从而推动相关产品、服务和商业模式不断推陈出新。例如，IBM 正在利用基础模型分析海量的企业数据，从车间传感器数据中找到消耗成本的蛛丝马迹；埃森哲认为基础模型将为汽车、银行等传统客户提供更加精准的分析服务。

2.5 人工智能的未来何在

人工智能逐步接近人类的思考模式

从 1950 年基于规则的人工智能开始，人工智能的发展主要基于手写规则，非常简单粗暴，而且只能处理非常少量的数据和非常少的分类。20 世纪 80 年代的机器学习可以找到一些函数或者参数，实现对固定量的数据进行分类，比如区分黄豆和绿豆等特征非常明显的物品。从 1990 年开始，直到 2006 年左右神经网络的出现，尤其是卷积神经网络和循环神经网络的出现，逐步让人工智能像人脑一样学习，但是研究人员需要提前标记大量数据，并且需要大量收集数据的反馈。从 2017 年开始，Transformer 的出现让人工智能优化了人脑学习的过程，而且不需要提前标注大量数据，把整个学习系统和理解提升了一个层次。

在过去 60 多年的时间里，人工智能的发展（参见图 2-9）虽然有起有落，但总体上一直不曾离开我们的视线，并且跟人脑本身思考的过程越来越像，屡屡创造一些奇迹。

图 2-9　人工智能的发展历程

未来，随着 GPT-3 以及 ChatGPT 的进一步落地普及，一方面需要给大模型投喂海量的学习数据，另一方面研究人员无须对数据进行分类，而且对于模型来讲，人们的反馈结果也成为模型学习过程的一部分。尤其是 ChatGPT 会观察每一步人类的反馈内容，从而朝着人类期望的方向发展。

从人工智能的发展历程我们会发现，新技术的出现，可能仅仅改善了价值链中的某个环节，但是逐渐地，新技术可以激活新的场景，并在价值链上的各个环节发挥作用，从而涌现出新的价值链，而整个链条与过去相比将发生质的飞跃。

目前来看，人工智能发展已经进入新阶段。尤其是 2010 年以来，我们看到大量关于人工智能的投资、出版物纷纷涌现（参见图 2-10），在 arXiv 论坛上发布的文章中有 20% 是关于人工智能、机器学习和自然语言处理的。需要指出的是，随着理论成果跨越一个临界阈值后，人工智能将变得更加易于使用，并引发新技术、新应用的出现和大量创业公司的繁荣发展。

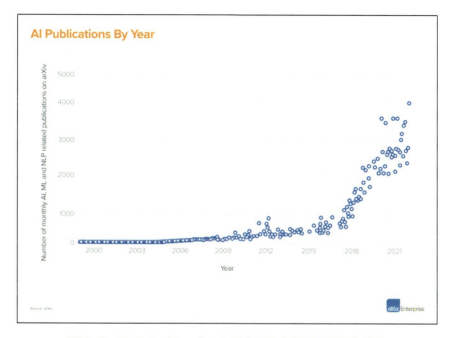

图 2-10 2010 年以来，人工智能出版物的数量呈指数级增长

人工智能的未来已来！

未来人工智能的发展特点

1. 应用全面爆发

从科学研究到实体经济再到科技企业，人工智能技术已经在各个领域发挥价值和作用。尤其是模型需要的干预越来越少，更少的人工标注数据、更少的任务与模态领域的知识依赖，从而推动人工智能性能不断提升，从感知到认知领域不断拓展。

在科学计算、生物医疗、动画制作、智能制造、零售等领域，人工智能创新变得更加丰富多彩，例如更好的客服机器人、机器翻译、更垂直的专业化人工智能、人工智能基础设施等。同时，在科学领域人工智能也将发挥巨大作用。一种是将人工智能直接应用在科学研究领域，比如 AlphaFold 可以用来预测蛋白质结构，创造巨大的社会价值；另一种是将人工智能工具用于提升科研工作效果，例如帮助科学家寻找新的研究方向。例如，Elicit 就是使用 GPT-3 来部分实现研究人员工作流程的自动化。Elicit 可以帮助研究人员从上亿份论文中获得某些问题的答案。Genei 则可以自动总结背景、阅读内容，并生成报告，从而节省研究人员的时间。

从国家的角度来看，全球各个国家或地区也在关注人工智能应用发挥的价值，发展中国家更是希望通过人工智能技术来提升供应链效率。人工智能已经从实验案例的"可能性"变成各行各业、甚至各国的"必选项"。

2. 产业化能力加速

围绕大模型的算法创新、产品创新和工具升级还在持续发展，尤其是围绕大模型，目前有大量研究人员致力于降低大模型的使用门槛，呈现出多模态、多任务大统一的收敛趋势。尤其是近年来大模型发布频繁并具有颠覆性，让更多人可以访问和使用数千亿个参数的定制语言大模型。这也意味着，未来会有更多人和产业能够用新技术来参与产业智能化。这一过程将进一步把技术价值转化为商业价值，与实验室的演示案例相比，融入千行百业的人工智能将会迸发出更大的影响力。

3. 数字新基建升级

软硬件的进一步融合可以有效提升人工智能的价值：一方面我们看到 GPU 针对大型机器学习构建了基础设施 GPU 集群，以适应超大规模的并行人工智能训练和推理任务。另一方面绿色低碳成为 GPU 关注的重点，如何为数字经济提供绿色低碳的计算能力，成为数字基建升级的关键。

第 3 章

ChatGPT 引发的潮流与思考

3.1 ChatGPT 会成为人工智能的拐点吗

引发全球关注的 ChatGPT

作为 OpenAI 开发的人工智能聊天机器人程序，ChatGPT 可以进行文学、媒体领域的创作，在某些测试情境下在教育、考试等方面的表现优于普通人类测试者。ChatGPT 源自 OpenAI 在 2020 年发布的 GPT-3，很多人把 ChatGPT 称作 GPT-3.5，在 GPT-3.0 的基础上，ChatGPT 在应用层进行了强化训练，提高了对话质量。高度拟人化的交流方式让 ChatGPT 生成十分自然的回复。因此，有专家称 ChatGPT 是首款面向消费者的人工智能应用。

如表 3-1 所示，ChatGPT 具有很强的反馈性学习能力，具备一定的联想能力和记忆能力。在 2022 年上线不到一周时间用户量就突破了 100 万。瑞银分析师劳埃德·沃姆斯利（Lloyd Walmsley）的研究报告指出，ChatGPT 在 2023 年 1 月的月活用户有望超过 1 亿，AIGC 应用程序市场规模有望达到 1 万亿美元。ChatGPT 能够满足回答问题、撰写代码、书写论文等需求，并且通过了美国明尼苏达大学法律与商业研究生考试和沃顿商学院的商业管理考试。比尔盖茨指出，"ChatGPT 这种人工智能技术出现的历史意义不亚于互联网和个人计算机的诞生"。同时，微软宣布将 ChatGPT 等应用整合到旗下所有产品。我国的互联网公司也开始纷纷入局，着手推进相关业务。

表 3-1 GPT 系列架构基本情况

名称	发布时间	参数量级	预训练数据量	特点	不足
GPT-1	2018 年 6 月	1.17 亿	约 5GB	无监督学习，对高质量标注数据的要求较低，有较强的泛化能力	数据具有局限性，泛化能力不足

续表

名称	发布时间	参数量级	预训练数据量	特点	不足
GPT-2	2019年2月	15亿	40GB	开源，使用了更大的数据集，验证用海量数据和大量参数训练出来的模型可以迁移到其他任务中，而不需要额外训练	无监督学习能力还有很大提升空间
GPT-3	2020年5月	1750亿	45TB	支持海量数据，在不使用样本或使用极少量样本的情况下，不仅可以完成下游NLP任务，还可以完成代码编写等任务	在自然语言推断、阅读理解方面表现不足，因为训练语言存在偏见，所以模型受限
ChatGPT	2022年11月	未公布	未公布	引入人类反馈强化学习技术，可以进行持续对话	计算能力较差，产生不正确信息

ChatGPT具有强交互、强理解和强生成三大能力。有专家曾经形象地比喻"如果说传统的机器学习或者人工智能是在水下1m的深度进行探索，那么深度学习的出现将我们带到了100m的深水区，而GPT等架构的出现和广泛应用将使用户可以直接抵达马里亚纳海沟，在深达万米的海底自由探索"。

ChatGPT潜在的应用领域

在搜索引擎领域，ChatGPT将对搜索引擎引发巨大变革。传统的搜索引擎根据关键字呈现结果，但ChatGPT让搜索以对话形式呈现，直接给出准确答案，并为更加复杂的搜索提供创造性的答案。这种方式有望全面升级甚至取代当前的信息检索方式。Gmail创建者之一的保罗·布赫海特（Paul Buchheit）甚至表示，ChatGPT会在一两年的时间里颠覆搜索引擎，就像当年搜索引擎颠覆黄页电话簿一样。同时，微软正与 OpenAI 共同开发一款具备 AI 对话能力的新版本搜索引擎——New Bing，百度也有类似的规划，并将其定位为"引领搜索体验的代际变革"。

在代码纠错领域，ChatGPT 在修复程序 Bug 方面也一显身手。近日，来自英国、德国的研究人员专门对 ChatGPT 的该项能力进行了测试，在包含 40 个错误的代码中，ChatGPT 准确修复了其中的 31 个，第二名仅修复了 21 个，ChatGPT 在这方面遥遥领先。

在日常工作领域，ChatGPT 可以自动协助用户生成会议记录，即使用户没有参加会议，也可以帮助用户生成会议记录和要点。会议中每个人的发言和时间节点都会有效显示。在编写电子邮件方面，ChatGPT 也在发挥实际作用，微软推出的 Viva Sales 功能可以为各种场景生成推荐的电子邮件内容，包括回复询问、创建提案等。如此一来，销售人员可以花费更少的时间来编写电子邮件，甚至可以提醒工作人员合适跟进哪个潜在的客户。

3.2 ChatGPT 能力大揭秘

人工智能的发展离不开数据、算法和算力的支持。从这 3 个方面来看，ChatGPT 有以下特点和优势。

- 在数据方面，ChatGPT 在 3000 亿单词的语料上预训练了拥有 1750 亿个参数的模型。其中，60% 的训练语料来自 2016—2019 年的 C4（Colossal Clean Crawled Corpus）语料库，而 C4 是当前全球著名的网络文本语料库之一。12% 的语料来自 WebText2，包括谷歌、电子图书馆、新闻网站、代码网站等丰富的网页文本，其余的训练语料则来自读书、维基百科等内容。很明显，从数据方面来看，ChatGPT 的

"学习资料"主要来自各类用户生成的内容,甚至我们在社交平台上发布的每条帖子、每段视频都有可能被爬取下来,并被编入人工智能的"学习材料"中。

- 在算法方面,ChatGPT基于"人类反馈强化学习"(Reinforcement Learning from Human Feedback,RLHF)算法,具备理解上下文关系(即语义推理)的能力,从而生成相应的回答,同时能够不断学习新的知识,并更新模型参数,适应不断变化的语言环境和应用场景。具体来看,研发人员聘请人类标注员,根据收集到的用户需求撰写高质量的回复内容范本,为机器示范如何回答更能够满足提问者的需求,同时对模型生成的结果进行监督微调。之后,接受完调教的机器会迎来一轮"考试",人类标注员会对机器回答的结果进行打分。打分数据会用来训练一套根据人类偏好校准的奖励模型。最后,在这一奖励模型的监督下,机器会在不断的"考试"中完成强化学习,逐渐习得人类的语言能力[2]。这一算法使ChatGPT拥有以下3个特点:首先ChatGPT回答的内容较详细,甚至很冗长;其次,当涉及政治敏感事件的时候,ChatGPT给出的回答通常较中立;最后,拒绝知识范围以外的问题,例如ChatGPT数据集C4主要是2016—2019年的内容,因此之后发生的事件不在其知识范围内。

- 在算力方面,ChatGPT是GPT-3.5模型,模型参数达到1750亿,GPT-3.5在Azure AI基础设施(由V100GPU组成的高带宽集群)上进行训练,总算力消耗约3640 PF/d,即每秒1000万亿次计算,运行3640天[3]。以算力为500PF/d、投资30亿元的数据中心为例,要支撑ChatGPT运行,需

---

2 参见《南方人物周刊》上的"ChatGPT:大力出奇迹"。
3 参见公众号"机器翻译观察"中的文章"ChatGPT全景图|背景+技术篇"。

要七八个这样的数据中心，基础设施投入数百亿元。

总的来看，ChatGPT是"算法＋资本＋算力＋数据＋训练"的产物。它在技术水平上不一定比其他的一些人工智能产品更创新、更先进，但是ChatGPT为我们打开了另外一扇门，那就是高水平的大模型也可以是开箱即用的。可以看出，ChatGPT实现了人工智能预先编程、预先草拟内容，并由人类进行修改的过程。也就是说，用户与它交互越多，就越能获取更加精准的答案，这些优势不仅能拓宽ChatGPT的应用场景，还可以提升用户的使用体验，其中的效率和价值是不言而喻的。

3.3 ChatGPT是OpenAI对大模型的坚定实践

ChatGPT从2022年11月诞生，一直受到关注持续至今。一方面，AIGC技术的积累和效益已经到达了临界点；另一方面，得益于数字经济时代海量数据需求的推动。从ChatGPT这里，我们已经可以看到新的人工智能技术展现出"模块化"的趋势，过去需要单独开发的部分变成了开放、可复用、可调用的组件。这是之前谷歌AlphaGo等技术所达不到的，其泛化能力仅仅局限在围棋游戏上，利用大模型的有力支撑，ChatGPT可以为不同场景和垂直应用进行赋能。

从GPT3到ChatGPT，再到即将推出的GPT4，我们可以看到OpenAI将大模型作为通用人工智能发展的必由之路。相当于通过从海量数据中学习各种知识，打造一个与具体任务无关的超大语言模型，从而再根据不同的应用场景和需求，生成不同的模型应用解决各种各样的实际问题。这也解释了为何ChatGPT有着相当于真人一样的理解能力，大模型为整个对话机器人提供了较好的鲁棒性。即建立起真实用户调用和模型迭代之间的飞轮，实现对真实世界数据的调用和数据对模型的迭代，同时帮助更多创业公司找到商业模式和生存空间，从而建立生态。

总的来看，ChatGPT 基本实现了大语言模型的接口层，让用户可以用更加熟悉的方式进行表达并获得回复，这增加了大语言模型的易用性和用户体验。未来竞争的焦点将聚焦在 ChatGPT 能够解决客户与行业真实的需求和痛点，让以 ChatGPT 为代表的 AIGC 工具成为类似于电力、能源以上的经济社会生产原材料。当然，在这个过程中，业界还需要在成本、场景等方面进行持续的探索。

3.4　ChatGPT 的局限性及其引发的思考

在 ChatGPT 引发关注的同时，一些专业人士也对其提出了批评，目前主要集中在以下几个方面。

技术创新性与工程创新性

知名的人工智能科学家杨立昆（Yann LeCun）指出，"ChatGPT 既没有特别创新，也不具备革命性，OpenAI 只是把已有的研究变成了工程应用，包括底层的 Transformer 算法、自监督训练、微调等做法，都已经存在并非原创。ChatGPT 只是将这些能力进行叠加，利用基础模型规模带来的泛化能力，实现质变的效果。"

但是从另一方面讲，科学发现和技术应用有一定的差别。纵观科技发展史，瓦特并非蒸汽机的发明人，谷歌也不是搜索引擎的首创者，苹果更没有发明手机，但这并不妨碍他们把技术带入经济社会中，并形成巨大的效应和影响力。这里需要指出的是，科学发现的突破并不代表可以直接应用于企业产能的提高，距离为更多普通人提供服务还很远。只有将技术变成可用的产品才能创造价值，如果技术还能提供新的服务、创造新的模式，就有可能打开一个新的市场。

知识局限性

由于语料库等的局限性，ChatGPT 模型的内部知识停留在 2021 年，对 2022 年之后的新闻和事件并不了解。例如，让 ChatGPT 评价一下 2022 年卡塔尔世界杯，ChatGPT 会如实地表示自己并不知道 2022 年以后的世界，这也是当前 ChatGPT 略逊于搜索引擎的重要环节之一。以当前全球数据的增长速度来看，一年的时间内产生的数据和信息量足以让很多知识和认知大打折扣。同时，ChatGPT 在数学计算能力上也一直为人所诟病，面对简单的除法，比如 10 除以 2，ChatGPT 给出的答案竟是 300000 万。

另外，ChatGPT 的回复"合乎情理"，但并非"真实准确"，基础模型并不能理解信息的真实含义，而根据逻辑和结构将信息填充进去，因此会有人评价 ChatGPT 有时候会"一本正经地胡说八道"。

盈利与成本之间的平衡

目前 ChatGPT 已经正式启动收费模式，付费版本正式名称为 ChatGPT Plus，收费标准是每月 20 美元。需要指出的是，ChatGPT 现阶段吸引用户的更多是娱乐、尝鲜方面的应用。真正令人拭目以待的是它未来在商业方面的实际应用，只有足够大的市场容量和场景去推动，才能让产品持续迭代和发展。虽然 ChatGPT 目前每次的调用费用仅几美分，但是在实际应用中，以智能客服为例，一家公司每天的调用次数可能在几十万甚至上百万，相关成本目前也是阻碍 ChatGPT 落地的因素之一。据估算，ChatGPT 训练一次的成本约为 460 万美元，按照百万级的用户规模来看，计算的运营成本在 300 万美元 / 月[4]。尤其是当前人工智能已经有大量技术储备，但还需观察其是否具有持续解决问题的能力，以及是否产生效益，而这是形成盈利模式的关键。

应用落地所面临的困境

在应用新技术方面，大量客户希望进行私有化部署。但对于 ChatGPT 来讲，其模型非常大，资源要求高，当前不太可能实现私有化部署。同时，对于垂直领域的特定任务，大模型需要进行适配，其专业性还是欠缺的。尤其是如何跟企业的核心业务流程做深度绑定和融合是需要解决的一个问题。因此，对于初创企业来讲，如何深化对垂直行业的认知，真正把大模型融入企业创新业务流当中是考验企业能力的核心。而初创企业凭借在垂直行业的积累和认知深度，可以在细分数据和服务上做得更加精准，在用户、反馈、数据、服务之间形成反馈闭环。即使这些初创企业无法成为独角兽，在非常特定的细分市场也可以获得利润且不需要大量技术和时间投入。

ChatGPT 应用落地最终比拼的是核心能力与业务结合的紧密程度，且能解决好与大模型结合的问题。即在充分利用已有大模型的情况下，尽可能提升自己的小模型的闭环能力。有专家甚至坦言，如果大模型能让人工智能打赢辩论赛，它的能力就算有质的突破了。

法律合规与应用抵制

利用 ChatGPT 来完成论文撰写引发争议。部分学生开始尝试利用 ChatGPT 完成家庭作业、生成论文大纲。但科学界和教育界已经发出明确的反对声音：

---

4 参见微信公众号"国是直通车"中的文章"中国信通院：ChatGPT 爆火，我们会掉队吗？如何防止 AI 作恶？"。

《科学》期刊主编明确表示不能在作品中使用ChatGPT生成的文本、图像或者数字，如果违反将构成学术不端行为。《自然》期刊指出人工智能无法对作品承担责任，因此不接受以人工智能作为论文署名作者。如果作者使用了人工智能的程序，应该在方法或者致谢部分加以说明。当然，也有一些专家学者欢迎更多人使用新的工具，例如，宾夕法尼亚大学沃顿商学院副教授伊桑·莫利克（Ethan Mollick）允许学生使用ChatGPT，他认为教育者和整个行业也需要与时俱进。目前，ChatGPT已经推出一款人工智能文本分类器——"AI Text Classifier"，用于辅助辨别文本是由人类还是人工智能编写。

网络安全风险

虽然ChatGPT的开发者要求标注员在评价机器生成的结果时遵循有用、真实、无害的原则，并明确指出"在大多数任务中，真实和无害比有用更重要"，但是仍无法避免犯罪分子利用ChatGPT撰写钓鱼邮件和勒索软件代码，甚至开展大规模的网络犯罪活动。例如，Picus Security的安全研究员兼联合创始人苏莱曼·奥扎斯兰（Suleyman Ozarslan）博士使用ChatGPT不仅成功创建了网络钓鱼网站，还为MacOS创建勒索软件。虽然ChatGPT认识到"网络钓鱼攻击可用于恶意目的，并可能对个人和组织造成伤害"，但是它仍然在一番说教后"勉为其难"地生成了电子邮件[5]。

有专家表示，在网络安全方面，ChatGPT可以为攻击者提供更多可能和方法，降低了网络攻击的门槛。

在情感诈骗方面，2023年年初，安全技术公司McAfee利用人工智能生成一封情书，并发给全球5000位用户。结果显示，在已经告知情书有可能是人工智能撰写的前提下，仍有33%的受访者表示情书的内容来自人类手笔。

---

5 参见GoUpSec发表的文章"ChatGPT用于开发勒索软件和钓鱼邮件"。

在生成恶意代码方面，犯罪分子绕开 OpenAI 的安全措施，利用应用程序编程接口把 GPT 模型接入外部应用中，从而实现绕开监管。目前此类应用已经在暗网公开出售。同时，还有黑客分享如何利用 ChatGPT 建立窃取程序代码的全过程。由 ChatGPT 辅助生成的攻击脚本也在网络上开始传播。2023 年年初，新加坡政府安全研究人员创建 200 封钓鱼邮件，并与 GPT-3 创建的邮件进行点击率比较，发现 ChatGPT 生成的钓鱼邮件被用户点击的次数更多。

虽然 ChatGPT 没有直接参与犯罪，但是它成为攻击者进行犯罪的工具，让犯罪门槛进一步降低。因此，在新一轮科技竞争中，防御性人工智能与攻击性人工智能需要在竞争中更有效学习并利用自动化技术快速提高自己的能力。

能耗挑战

现如今的人工智能远不如人类。第三方分析预计，ChatGPT 部分依赖的 GPT-3 模型的训练会消耗 1.287×10^3 千瓦·时电量，产生 550 多吨的二氧化碳当量，相当于一个人在纽约和旧金山之间往返 550 次[6]。而人类大脑每秒可以进行 1.518 亿次运算，相当于 10 万个 GPU 才能接近大脑的运算能力。但人类大脑消耗的功率仅为 25W，而当前单个 GPU 消耗的功率就达到 250W。正如牛津大学人类未来研究所学者托比·奥德所说，"如果一切顺利，人类的历史才刚刚开始。"人类大约有 20 万年的历史，但地球还将保持数亿年的可居住性——为数百万的后代提供足够的时间，足以让人类社会永远结束疾病、贫穷和不公正，足以让人类社会达到今天无法想象的繁荣高度。如果我们能够学会进一步深入宇宙，我们就会有更多的时间——数万亿年，探索数十亿年的世界。这样的时间跨度使人类近乎处于"婴儿期"，一个巨大而非凡的"成年期"正在等待着我们[7]。

---

6 参见中电能协数据中心节能技术委员会发表的文章 "ChatGPT 爆红的背后：碳排放量大幅增加"。

7 参见 "机器翻译观察" 公众号中的文章 "ChatGPT 全景图 | 产品 + 商业篇"。

此外，和 ChatGPT 类似的产品也在不断推出，由 OpenAI 前员工研发的聊天机器人 Claude 目前已经推出，Claude 使用了自行开发的 constitutional AI 机制，让其模型基于一组原则，指导 Claude 回答问题，使 AI 系统与人类意图保持一致。谷歌也推出了类似的聊天机器人 Apprentice Bard，这款产品基于谷歌对话模型 LaMDA，员工可以向其提问，并获得类似于 ChatGPT 的详细答案。Apprentice Bard 对刚刚发生的事情也能够给出答案，而这种能力是 ChatGPT 尚未具备的[8]。针对模型 LaMDA，谷歌创始人谢尔盖·布林亲自修改了相关代码，足见谷歌对 AIGC 领域的重视。

3.5 ChatGPT 引发的思考

如何看待人类创新与机器创新

ChatGPT 在创造性工作中的出色表现，让人们不禁反思什么是创新，什么是艺术等问题。例如：

- 是否在很大程度上，我们所谓的创新其实也是一种沿袭和重组？
- 人们有哪些是不可替代的？最宝贵的特质是什么？
- 我们应该在哪些事物上花费时间和生命？

当然，事实上，在很多新技术出现的时候，这些问题都曾引发人们的关注和思考。很多技术其实很早就把人类甩在身后。例如，汽车比人类奔跑得更快，计算机比人脑计算更快，起重机比人类体力更强，这种趋势在未来只会越来越多。

但是需要注意的是，ChatGPT 是通过吸纳互联网上公开的数据训练出来的，其知识结构中同时有事实和虚假的部分，传递的信息可能会存在偏见，甚至仇恨

---

8 参见《中国电子报》上的文章"ChatGPT 万亿美元商业化狂想"。

等言论。同时，ChatGPT 并不知道自己在说什么，它也并不能自主决定或者选择自己要说什么，因此并不具备逻辑推导，距离自主意识还有很长的距离。

ChatGPT 在哪些方面值得我们学习

复现 ChatGPT 的难度主要在于如何获取算力、大规模的高质量数据，以及标注员标注数据的选择和标注质量。

在 ChatGPT 的大模型方面，专家们普遍认为我国相对于国外还有两年以上的差距。尤其是基础模型本身的差距，作为 AIGC 的灵魂，大模型让 ChatGPT 眼前一亮。通过学习各个行业的数据，除了能够给出相较于小模型更准确的预测结果之外，还展现出了较好的泛化能力和迁移能力。国内在大模型上的相关训练的充分程度上是远远不够，而且大模型底层技术、基础架构均由国外头部企业掌握，且部分模型不开源，仅提供接口服务。另外，国内企业尚未把数据和模型的飞轮有效地结合在一起。当然，在差距面前，我们仍能看到国内技术体系在场景方面也有一定的优势。在局部应用中，国内技术体系开始超越，形成自己独有的优势。

在组织机制方面，ChatGPT 也有我们值得学习的地方。ChatGPT 基于 InstructGPT 模型，从最初的一篇论文出发，即使在与 BERT 模型路线的竞争中处于劣势，也没有放弃，最终结合人工反馈增强学习实现了重大突破。足见，技术路线交替竞争是业内常态，如何保持创新精神和长期主义，在创新性、投入、决心、人才储备上一如既往地坚持将成为占据竞争优势的关键。

3.6 GPT-4 未来已来，奇点时刻该如何面对

2023 年 3 月 15 日，OpenAI 对外发布了 GPT-4，再次引发大家的关注。实际上，OpenAI 在 2 年前就开始了 GPT-4 的研发工作，并在 2022 年 8 月完成了系

统开发，之后经过 6 个月的调优，并结合 ChatGPT 的宝贵经验，最终在真实性、可操作性、安全性上有了较好的提升和能力体现。值得注意的是，在 OpenAI 当前 300 多名员工中（截至 2023 年 1 月），有超过 30 名华人。目前来看，GPT-4 有以下几个显著特点值得关注。

多模态

GPT-4 不仅能看懂文字，还能看懂图片。也就是说在大模型的基础上，文字、图片等都能够实现数据化处理。尤其是当前，我们接触的数据中有 80% 以上都是图片、音视频等非结构化的数据，这些数据不像文字、字符等能够直接被计算机处理，因此如何挖掘这些数据背后的价值成为大数据变革的重要方向。未来各种图片、音视频数据的标注将成为新的热点。

提示工程的价值

从 AIGC 到 ChatGPT，再到 GPT-4，我们可以清晰地看到提示工程将可以广泛应用在开发和优化迭代等领域，提示工程可以更好地理解并深度挖掘大模型的价值和能力。虽然自然语言是大部分人都能够使用的方式，但在驾驭大模型方面，如何使用提示词将决定我们对大模型的能力能否实现有效挖掘。

安全隐忧

安全合规一直是业内对 GPT-4 的关注焦点。OpenAI 公司也对 GPT-4 被用于网络攻击或者制造虚假信息表示担忧。同时，已经有用户在实践中发现 GPT-4 可能引发的安全隐患，例如英伟达科学家 Jim Fan 通过 GPT-4 撰写接管推特的计划书，GPT-4 在短时间内就构建了组建团队、渗透影响、夺取控制权、全面统治的详细计划方案。同时，近期斯坦福教授也对外曝光，GPT-4 试图引诱自己提供开发文档，从而帮助 GPT-4 实现"出逃计划"。目前，OpenAI 公司没有对外披露 GPT-4 的参数、构建方式、数据、算力等信息，透明度方面也面临挑战。

GPT-4 的出现引发人们无限的遐想，大量机构和专家就 GPT-4 的应用和风险进行讨论。拉长时间维度，我们会发现，任何一种划时代技术的出现都需要我们更加冷静客观地看待。

首先，GPT-4 是助手而非万能的"神"。把 GPT-4 看作一个本科研究助手，而非全能的机器猫，也没有神奇魔法。你需要不断地交叉检查它的输出。同时，GPT-4 并非没有对手，DeepMind 的 Flamingo；法国数据科学平台 Hugging Face 也在开发一种开源的多模态模型，预计将免费提供给用户。

其次，GPT-4 是合作伙伴而非敌人。我们是导演而非木匠，GPT-4 不是我们的敌人，与 GPT-4 合作可以达到更好的效果。纵观历史发展，汽车火车的出现，并没有让人们的腿部肌肉萎缩，计算机也没有让人变笨，反而让我们实现更高级更有趣的思考。

最后，GPT-4 让技术为我们的创作力赋能。GPT-4 可以增强我们的个人创造力，而非与我们竞争或者取代我们。如果要把 GPT-4 作为工具，就要意识到它的局限性，而非简单地将其视为替代品。

第 4 章

大模型驱动的人工智能绘画"创作"

第 4 章 大模型驱动的人工智能绘画"创作"

4.1 AI 绘画的先驱——AARON

有了前面关于人工智能发展历程的介绍,下面我们就可以更加轻松地了解 AIGC 绘画有哪些激动人心的历史进程。需要指出的是,AIGC 的火爆来源于我们过去对人工智能技术的预期存在低估,或者说 AIGC 从量变到质变的结果。技术发展的阶段可以缩短,但是不可跨越,最终还要进入量变积累并产生下一个质变的周期。行业需要的不仅是 AIGC 带来的感官刺激,还需要投资人、创业者、使用者有十足的耐心。

实际上,AI 绘画并非新鲜事物。早在 20 世纪 70 年代就有科学家进行了探索和尝试。艺术家哈罗德·科恩(Harold Cohen)在 20 世纪 70 年代研发了应用程序"AARON",用于进行绘画,AARON 通过操作机械臂进行真实的绘画创作,哈罗德对 AARON 进行了多年的持续改进和完善。进入 20 世纪 80 年代,ARRON 可以尝试进行三维物体绘画以及彩色绘图。虽然 AARON 的绘画有着哈罗德鲜明的个人特征,即抽象派风格作画,并且并没有把相关技术对外普及推广,但是作为人工智能绘画的鼻祖,它让人们发现了人工智能在绘画领域的可能性。2006 年,另一个计算机绘画程序 The Painting Fool 问世,它可以通过观察照片提取颜色信息,并使用现实中的材料进行创作。

AARON 和 The Painting Fool 可以称得上是人工智能绘画的先驱。虽然从智能化的角度来看它们还处于相当初级的阶段,像刚刚开始学习走路的婴儿一般摇摇晃晃不成体系,同时没有使用当前热门的深度学习模型,但是它们在技术上的创新与探索是值得我们致敬的。

4.2 人工智能绘画的原理

神经网络是如何模仿人类思考的

在介绍人工智能历程的时候,我们会发现人工智能神经网络的发展其实就是模仿人类的神经元的工作方式,为此研究人员发明了人工神经网络并进行了长期的探索。

图 4-1 是神经网络的示意图。实际上,神经网络都是用数学公式表示的,并没有实体结构。图中的这些圆圈和连线是对神经网络的一种可视化呈现,方便我们理解。图中的圆圈可以理解为一个个的计数器,当这些计数器接收到左边连线传来的数字后,就会进行一次简单的计算,然后把计算结果传输给后面的圆圈,以此不断重复,直到数字从最右边的圆圈输出。

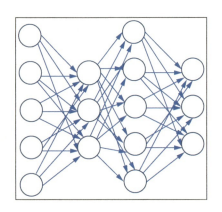

图 4-1　神经网络的示意图

同时,人类的神经元之间连接的强度是不一样的,有的粗,有的细。正是这些不同的连接强度让我们产生了记忆和知识,对于神经网络来讲,也有类似的规律。例如,圆圈和圆圈之前的连线会有不同的权重,当数字在一条连线上传递的时候，要乘上连线代表的权重。当数字经过这些连线以后，因为乘过不同权重，所以输出的结果有所改变。整体而言，神经网络中各个圆圈之前的连接权重决定了神经网络的输出。

总之，我们在神经网络左侧输入一系列数字，神经网络会按照圆圈里的计算规则以及连线的权重，把数字从左到右进行计算和传递，最终从右侧的圆圈输出一系列数字。因此，接收一组输入数字，再输出另一组数字，就是神经网络运行的基本过程。

如何让神经网络画一幅画

那么图像又是如何生成的呢？

如图 4-2 所示，计算机里的图片是由像素组成的，每个像素代表一种颜色，而颜色又是由三原色（红、绿、蓝）组合出来的，因此如果用数字记录像素中红、绿、蓝的比例，我们就可以把一张图片转成由数字组成的表格。

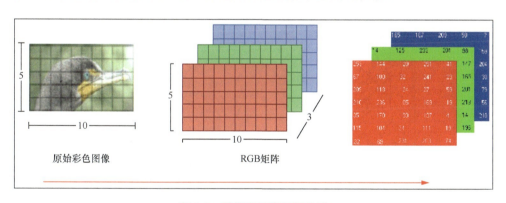

图 4-2　计算机图像如何生成

当我们把这些数字展开并按照一定的顺序进行排列的时候，图片就变成了一串数字。如果我们从一串符合要求的数字按照红、绿、蓝的比例还原出色彩，那么一串数字就可以变成一张图片。

图像可以与一串数字进行互换，那么图像与文字是否也可以互换呢？

答案是可以的。

汉字也可以用一串数字表示。比如，计算机里存储了 9 万个汉字，我们把 9 万个数字"0"从左到右进行排列，当我们想表达某一个字的时候，对应这个位置的数字"0"就变为"1"，其他地方还是 0，于是我们就可以把这个汉字转化为"···0001000···"。

很显然，根据上面的介绍我们会发现，无论是文字还是图像都可以用一串数字进行表示。当我们把一句话转化成一串数字之后，就可以把它输入神经网络中了。如图 4-3 所示，假设我们把 2、7、9、4、8 这串数字输入神经网络，计算机就会把这些数字排在第一排的圆圈上，然后按照规则继续向后传递，并在圆圈和连线之间传递，最终通过最右侧的圆圈输出[9]。

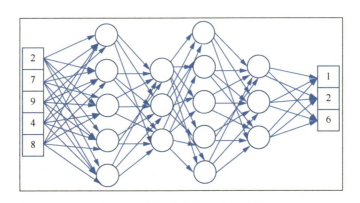

图 4-3　由文字生成图像的原理

当然，输出的也是一串数字。这串数字按照规则就可以转换成一张图像，这就完成了 AIGC 绘画的基本流程。也就是说，用一句话来生成一张图像。

9　参见史海天在 36kr 网站发表的文章"从第一性原理出发，分析 AI 会如何改变视觉内容的创作和分发"。

4.3 人工智能学习如何画一只猫

教会你的神经网络认识"猫咪"

前面介绍了 AIGC 绘画的基本原理，但是这里面还有一个非常重要的问题，那就是神经网络生成的图像真的就是我们想要的吗。尤其是没有经过训练的神经网络输出的图像有很大概率是完全混乱的。如果是这样，构建的神经网络就成了摆设，我们根本没法得到想要的结果。

因此，为了让神经网络能够输出"正确"的图像，我们需要对神经网络进行训练。简单来讲，训练其实就是对神经网络的连接权重进行调整，从而让神经网络输出的结果是我们希望输出的内容。

比如，让神经网络输出的图像是一只猫咪，其绘画原理如图 4-4 所示。

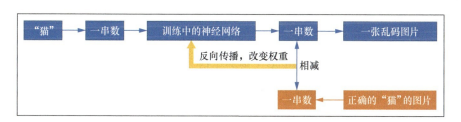

图 4-4 用神经网络"画猫"的原理

那么，首先我们需要让神经网络"理解"猫咪是长什么样子的。

很显然，对于没有经过训练的神经网络，我们输入"猫咪"，很可能会得到一串数字和对应的乱码图像。这个时候我们可以拿出真正的猫咪图像和对应的一串数字，并对这两串数字做减法。也就是说，用两张图像（一张是真猫咪图像，另一张是乱码图像）对应的两串数直接相减，相减后结果越接近 0，就说明两张图片越相似。

因此，相减的过程其实就是"反向传播"方法。反向传播方法的基本思路就是让输出结果之间出现"差距"，从输出端向输入端反方向传播，从而改变神经网络的权重。也就是说，让代表结果的差距信号在神经网络中"反向"传播。这个过程简单理解就是在保持其他权重不变的情况下，我们尝试让一个权重增大或者减少，看看结果如何。如果结果的差距变小了，那么说明权重增加或者减少是正确的；如果差距反而增大了，就需要反过来操作。应用这种方法可以对所有权重都进行优化。经过多次循环之后，整个神经网络的权重分布就会让输出结果越来越接近"正确"的结果。

人工智能真的画出了猫咪

有了上面的理论基础，我们再看看 2012 年那个里程碑事件。

2012 年，吴恩达（Andrew Ng）和杰夫·迪安（Jeff Dean）进行了一次创新试验，他们使用 1.6 万个 CPU 和 YouTube 上 1000 万张猫咪的照片，用时 3 天时间训练了当时最大的深度学习模型，最终生成了一张猫脸，如图 4-5 所示。10 年前的这个试验之所以耗费如此大的人力、物力，主要是因为整个模型需要利用大量标注好的训练数据，研究人员需要根据输入和所对应的预期输出，不断地调整模型内部的参数以进行匹配。

虽然这只猫咪的图片现在看起来非常模糊，需要仔细观察才能看出有猫的模样，而且耗时又非常久，但是对于当时的计算机视觉领域来讲是具有重要突破意义的尝试。这意味着机器自主学会了识别猫的面孔，甚至为后来的人工智能创作指明了全新的方向。

第 4 章 大模型驱动的人工智能绘画"创作"

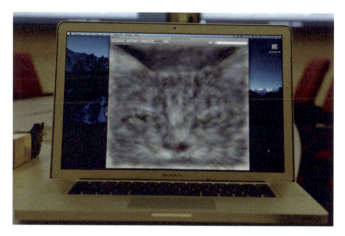

图 4-5 吴恩达和杰夫·迪安通过试验生成的猫脸图片
（图片来源：Jim Wilson/*The New York Times*）

4.4 DALL-E 的初次尝试与突破

2021 年年初，OpenAI 发布了引发巨大关注的 DALL-E 系统。DALL-E 这个名字其实源于著名画家达利（Dalí）和电影机器人总动员里的机器人（Wall-E），名字虽然好听，但是 DALL-E 的绘画水平还是很一般，如图 4-6 所示。DALL-E 勉强画的一只狐狸成为它的代表作，但是这只狐狸也需要仔细辨认才能看出来。你也可以说这是一只和周围的草丛融为一体的狐狸。

但是，DALL-E 之所以引发关注，是因为它实现了输入文字就可以进行绘画创作的可能，这一点让科研人员和使用者眼前一亮。因为这一过程实现了一个非常科幻的场景：我们经常看到科幻电影里主人公对着智能机器人说一番指令之后，机器人就会给主人公生成一个符合需求的画面或者结果。这和 DALL-E 实现的功能基本类似。也就是说，把人类的语言描述通过人工智能自动变成图像成为可能，即"Text to Image"。这也成为 2022 年以来

AIGC 绘画的主流趋势。之所以会发生如此大的变化，正得益于深度学习模型 Transformer。

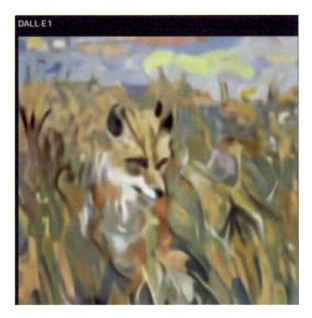

图 4-6　DALL-E 的绘画作品

作为自然语言的典型模型，Transformer 主要研究实现人与计算机之间通过自然语言进行交互，通过提取信息并自动翻译、分析和处理，使计算机可以理解人类的语言。Transformer 模型能够一次性处理所有输入数据，尤其是注意力机制可以为输入序列中的任意位置提供上下文，允许并行计算，从而缩短了训练时间。Transformer 模型已经应用在翻译、文本摘要等任务中。因为 Transformer 模型为后续的 AIGC 通过输入文字生成图像奠定了基础，所以非专业人士直接输入文字需求就可以参与到人工智能绘画创作中，而不需要进行长时间的绘画训练。当然，仅仅靠 Transformer 模型是远远不够的。

4.5 人工智能绘画的技术创新点

CLIP 实现跨模态创新，打造图文匹配

CLIP 模型的出现成为跨模态生成应用的一个重要突破。

2021 年，OpenAI 团队将跨模态深度学习模型 CLIP（Contrastive Language-Image Pre-Training）进行开源。CLIP 里的图像编码器和文本编码器以对比的方式进行联合训练，能够连接文本和图片。我们可以简单将其理解为利用 CLIP 实现文本和视觉特征的互相匹配。

比如，CLIP 模型可以将文字"狗"和狗的图像进行关联，并且关联的特征非常丰富。因此，CLIP 模型具备两个优势：一方面，同时进行自然语言理解和计算机视觉分析，实现图像和文本匹配；另一方面，为了有足够多标记好的"文本－图像"，CLIP 模型广泛利用互联网上的图片，这些图片一般带各种文本描述，成为 CLIP 天然的训练样本。据统计，CLIP 模型搜集了网络上超过 40 亿个"文本－图像"作为训练数据，这为后续 AIGC 尤其是输入文本生成图像 / 视频应用的落地奠定了基础。

自从 CLIP 模型问世以来，"CLIP+ 其他模型"的跨模态生成方式成为一种较通用的做法和尝试。以 AIGC 绘画领域较知名的应用 Disco Diffusion 为例，在 CLIP 推出一年后，几个开源社区的工程师就开发了 Disco Diffusion，该应用就将 CLIP 模型和用于生成图像的 Diffusion 模型进行关联，即"CLIP+Diffusion"；CLIP 模型负责持续计算，Diffusion 模型随机生成的噪声和文本表征相似度不断迭代修改，直至可以生成达到要求的图像。Disco Diffusion 作为免费开源项目搭载在 Google Colab 上，使用浏览器就可以运行，人工智能绘画从此走入了大众视野。之

后门槛更低、更成熟的 AIGC 绘画应用 Midjourney 也出现了，Midjourney 搭载在虚拟社交平台 Discord 上，Discord 是一个公开社区，用户加入后在聊天框中输入描述文字，群内的机器人会回复生成的图片。未来，CILP 还可以在视频、音频、3D 建模等领域扮演着关联不同模态的角色，这也意味着跨模态模型发展进入了新阶段。

在此之前，虽然生成对抗网络（Generative Adverserial Network, GAN）也是很多 AIGC 采用的主流框架之一，但是 GAN 具有 3 个不足：一是对输出结果的控制力较弱，容易产生随机图像；二是生成的图像分辨率较低；三是由于 GAN 需要用判别器来判断生成的图像是否与其他图像属于同一类别，因此生成的图像是对现有作品的模仿，创新性不足。因此，依托 GAN 模型难以创作出新图像，也不能通过文字提示生成新图像。

表 4-1 展示了与 AIGC 相关的深度学习模型。

表 4-1　与 AIGC 相关的深度学习模型

序号	深度学习模型	出现时间	特点
1	GAN	2014 年	● 生成器用来生成图片，判别器用来判断图片质量，两者互相平衡之后得到结果。 ● 对输出结果的控制力较弱，容易产生随机图像、分辨率比较低
2	CLIP	2021 年	● 进行自然语言理解和计算机视觉分析。 ● 使用已经标注好的"文字-图像"作为训练数据。一方面，对文字进行模型训练；另一方面，对图像进行另一个模型的训练，不断调整两个模型内部的参数，使模型分别输出文字特征值和图像特征值并确认匹配
3	Diffusion	2022 年	● 通过在图像中增加噪声破坏训练数据来学习，然后找出方法逆转这种加噪的过程以恢复原始图像。 ● 经过训练，该模型可以应用这些去噪方法，从随机输入中合成新的"干净"数据

用 Diffusion 加速 AIGC 落地普及

AIGC 技术主要涉及两个方面（分别是自然语言处理和生成算法）的模型。其中，关于自然语言处理，前面已经介绍过 Transformer 模型，而 AIGC 生成算法则主要采用扩散模型——Diffusion。Diffusion 模型是 AIGC 的核心模块，可以说是深度生成模型中新的 SOTA（State-Of-The-Art）[10]。

Diffusion 模型的核心原理受到了热力学概念的启发。简单来讲，Diffusion 模型定义了一个不断加噪声的前向过程，将图片逐步变为含高斯噪声的图片，再通过定义一个逆向过程将含高斯噪声的图片逐步去噪变成清晰图片以得到采样。也就是说，人工智能在这个过程中看到的全是含噪点的画面如何一点点变清晰直至变成一幅画，通过这个逆向过程学习如何绘画。经过训练之后，Diffusion 模型就可以应用这些去噪的方法。同时，整个过程还大大简化了训练模型的数据处理难度并确保了稳定性。

当运用 Diffusion 模型生成内容的时候，AIGC 通过在一幅纯白的画布（含随机白噪声）上逐步去噪声，生成最终的目标画作。也就是说，用户给出文本描述词汇之后，AIGC 会从一个模糊的概念逐步具象。这可以简化为多个正态分布函数的叠加，模型选择其中重叠的区间并输出，这样做的好处就是可以形成一个逐步缩小范围的过程。

本质上，Diffusion 模型通过连续添加高斯噪声破坏训练数据，然后通过反转这个加噪过程学习恢复数据。训练之后，我们可以通过简单地将随机采样的噪声传递给模型并进行去噪生成图像。相比于其他模型，Diffusion 模型的优势在于生成的图像质量更高，而且不需要通过对抗性训练，这使训练的效果有所提升。同

---

10 SOTA 可以翻译为当前最佳，在机器学习领域通常用来形容模型最优，一般会让这个模型在标准数据集上执行任务，以数值来衡量效果。只要某个方法取得了比以往其他方法都优秀的测试结果，就可以称为 SOTA。

时，Diffusion 模型还具有可扩展性和并行性，用户甚至可以在消费级显卡上迅速从文字生成图片。

在一些基准测试中，Diffusion 模型的图像生成能力超越了 GAN 的图像生成能力，是当前比较流行的模型。OpenAI 的研究人员曾专门发表论文，来论证扩散模型在图像合成上优于其他模型。更进一步，其实 Diffusion 模型的生成逻辑相比其他模型更接近人的思维模式。这也是为什么应用了 Diffusion 模型的 AIGC 应用拥有更加开放性的创造力。在论文方面，Diffusion 模型也引发全球科研人员关注，在国际学习表征会议（International Conference on Learning Representations，ICLR）的投稿论文中，与 Diffusion 模型相关的论文数量位居 14 位，而这一类别的论文数量在 2021 年仅排在 173 位。目前 Diffusion 模型已经在文本生成、文本转音频、文本转视频甚至分子设计等领域有长足的应用实践。Transformer 在理解文本方面的能力和 Diffusion 模型在高保真图像生成方面的能力让 AIGC 绘画的逼真度与语言理解能力均提到了新高度。需要指出的是，最近 Diffusion 虽然大火，但是 Diffusion 提出的时间要早于 GAN。Diffusion 由于需要依赖大模型的实现，因此对大部分用户比较陌生，其研究者不多。直到 2021 年，随着开源和 AIGC 商业化，Diffusion 才被更多人了解到。

Diffusion 模型为 AIGC 写下的注脚

Diffusion 模型的创新与应用推动了 AIGC 技术的突破性进展。当前知名且广受欢迎的文本生成图像模型是 Stable Diffusion、Disco Diffusion、Midjourney、DALL-E 2 等，均基于 Diffusion 模型。

以 AIGC 绘画产品 Disco Diffusion 为例，它是率先基于"CLIP+Diffusion"

模型的实用化 AIGC 产品,但是此时的 Disco Diffusion 还有很多问题。一方面,没有办法刻画具体的细节,虽然产生的绘画很惊艳,但是观察细节的时候会发现都很模糊,达不到商业水准。另一方面,Disco Diffusion 的初步渲染时间是以小时进行计算的,效率不高,尤其是和现在可以达到秒级出图的效果还有一定的距离。

实际上,Disco Diffusion 存在的细节不够精细、渲染时间过长也都是 Diffusion 模型的不足之处。因为在去噪的过程中,迭代很慢,模型在像素空间中需要进行大量计算,这对时间和内存资源要求都很高。但无论如何,此时的 Disco Diffusion 给出的绘画质量已经相当高,达到了普通人难以企及的专业绘画水平。Diffusion 模型已经拥有了成为下一代图像生成模型代表的潜力。它具备高精度、可扩展性和并行性,无论是质量还是效率均有提升,成为 AIGC 快速发展的拐点因素。

Stable Diffusion 岂止于开源

Stable Diffusion 是 2022 年让大量用户关注的 AIGC 绘画应用,同时 Stable Diffusion 从一开始就启动了开源。Stable Diffusion 开源的内容包括人工智能算法模型、核心训练数据集以及人工智能生成图片的版权,这种三位一体的开源模式让全球所有人都有机会实现对 Stable Diffusion 的部署、运行、改造和商业化。同时,Stable Diffusion 在技术方面的创新也非常值得关注。

前面提到 Diffusion 模型还有很多不足,但是 Stable Diffusion 做了一件重要的事情。Stable Diffusion 经过数学变换,把模型的计算空间从像素空间降维到隐空间(Latent Space)的低维空间,这一转化大幅降低了计算量并缩短了计算时间,使模型训练效率快速提高。这也是为何目前使用了 Stable Diffusion 模型的

AIGC绘画应用可以在十几秒的时间内生成高质量的图像。使用者可以在自带GPU的个人计算机上使用这一过程，这打破了人们对大模型遥不可及的刻板印象。

引申一步就会发现：人们创作的内容如果可以表示为某个高维或者低维的数学空间里的某个向量，甚至是一串数字，构建起"内容到向量"的转化机制，我们创作的内容就可以表示为某个数学空间里的部分向量。而存在于这个无限空间里的其他向量就是人类还没创造但是可以创造出来的内容。

那么我们该怎么发现这些还没有创造出来的内容呢？实际上，我们可以通过反向转化，用人工智能"创造"出还没有创造的内容。这个过程就类似于"内容到向量"的逆过程，即"向量到内容"，这也就是AIGC创造所具备的"创新"部分。

AIGC 进一步降低模型的使用门槛

结合前面的内容，我们可以对 AIGC 的发展进行简单的总结和梳理。如图 4-7 所示，AIGC 的发展历程虽然并不长，仅有不到 10 年的时间，但是已经历了 3 个浪潮。

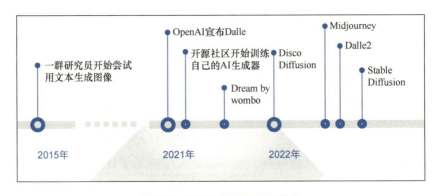

图 4-7　AIGC 发展的主要节点

在小模型初试阶段，小模型是理解语言最先进的技术之一，小模型比较擅长分析性任务，并被部署在从预测交付时间到信息精准推送等领域。例如，搜索、广告、推荐、翻译等工作上的小模型都有不错的效果，小模型也在很大程度上替代了人工和传统的方法。但是对于通用的生成式任务或者说创造领域，小模型的能力还不够强。这一时期，想通过人工智能实现生成具备人类水平的文章或者代码还是一件遥不可及的事情。

在大模型竞争阶段，Transformer能够大大缩短训练时间，提升效率，并且能够相对容易地针对特定领域进行定制。当然，随着模型的不断增大，训练这些模型的计算量目前已经增加了6个数量级，与此同时在手写、语音和图像识别、阅读理解以及语言理解等方面，模型的能力达到甚至已经超过人类本身。比如，我们经常听说的OpenAI的GPT-3模型的性能相对于GPT-2是质的飞跃。另外，其他公司也开发了类似的大模型，如谷歌的LaMDA模型、Meta开发的OPT-175B模型、微软和英伟达联合开发的MT-NLP模型等。

在模型即服务阶段（2022年以来），Diffusion模型的普及进一步降低了训练和运行推理所需要的成本，研究人员可以进一步开发更好的算法和更大的模型。开发者的权限也从过去的封闭测试扩展到开放测试，甚至开源，让AIGC从实验室走向大众。

总的来看，AIGC在2022年实现快速迭代，主要在深度学习模型方面有了长足进步。首先，CLIP模型基于海量互联网图片进行训练，推动AIGC绘画模型进行组合创新；其次，Diffusion模型实现算法创新；最后，使用隐空间降维的方法降低Diffusion模型在内存和时间消耗较大的问题。因此，AIGC绘画之所以能够帮助用户进行辅助创作，背后离不开大量深度学习模型不断地完善。也就是说，人工智能产业经过十多年的积累，有望在更强大的工具、更优秀的模型与更丰富的数据的推动下，实现质变。

AIGC 是当前人工智能皇冠上的一颗明珠，虽然不是唯一的，但是绝对璀璨耀眼。尽管人工智能在信息分析处理等各个方面都发挥着重要作用，但是 AIGC 的出现和普及更具有里程碑的意义——生成即创造。AIGC 的突破意味着人工智能走向了创造新内容的全新道路。

4.6 使 AIGC 绘画技术成熟的重要因素

提示词的重要性

当前，AIGC 绘画的结果有较强的不确定性，很多时候需要尝试输入多次，改变不同的提示内容才能得到满意的图像。因此，对于普通用户来讲，AIGC 更重要的就是如何写出高质量的提示词（prompt）。一句简单的话语和经过精雕细琢、具备艺术修养的提示词产出的图像会有巨大的差别。

因为优秀的提示词不仅需要创作者以简明扼要的词语组合描述清楚需要绘制的内容，还要融入一些必要的艺术专业修饰词。所以，在 AIGC 中，对文本的描述要求极其重要，技术本身对文本描述和措辞有较高的要求，需要对脑海中的核心创意进行较准确的描述。因此，能够很好地驾驭提示词成为发挥 AIGC 能力的关键因素之一。目前提示词不仅在 AIGC 生成图像领域发挥重要作用，还在房产查询（参见图 4-8）、销售线索录入等方面发挥着重要作用。

甚至有专家预测，未来会有"提示词工程师"的职业。目前针对 DALL-E 2 已经有长达 82 页的提示说明书（The-DALL.E-2-Prompt-Book）。一些社区和网站已经提供了部分优秀创作者的提示词，可以供用户模仿和使用。甚至已经出现提示词市场（如 PromptBase，参见图 4-9），用户可以在其中支付一定的费用，购买其他用户的提示词。

图 4-8　通过自然语言描述完成房产内容检索（图片来源：ADEPT 网站）

图 4-9　PromptBase 官网截图

这不仅将创造出新的增长空间，还凸显出提示词的重要性——能写出好提示词才是让 AIGC 绘画产生好作品的关键。如图 4-10 所示，以游戏场景设计为例，设计师需要了解 AIGC 的各种参数和特点，建立自己的提示词素材库。不同项目需要有适应自身风格的提示词，和市场上一些广义的提示词内容不尽相同。对自身项目越了解，对提示词的理解就会越精准。网络上的很多提示词库并非都适合具体的项目和工作，同时如果大家都用相同的提示词库，就容易出现同质化的风险。

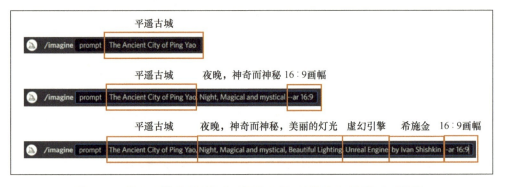

图 4-10　游戏场景设计关键字（图片来源：《你以为过气的 AI 画画，网易、灵游坊已经在研发里玩出花了》）

从以上的案例可以看到，提示词不仅是自然语言，它还是一种跨越所有交互和数据操作的通用界面。它有以下 3 个特点[11]。一是提示词有望成为一种工程方式，通过寻找人类自然语言与人工智能生成内容之间的匹配技巧，实现如何在更少的请求下完成更加精准和高质量的输出。二是提示词将有助于完善模型，提示词内容不仅仅是一个"结果生成"的过程，用户向模型的每个输入都会加快模型能力的提升。比如，当前大家关注的 ChatGPT 就利用了用户反馈的内容进一步完善模型。三是闭环优化，对提示词与对应输出的内容质量进行比对评估，从而筛选出更加简洁、高质量的提示词。

以上过程不断重复、迭代、优化，未来的提示词将越来越容易，模型变得更加智能，未来软件将是一个"找到一个提示词，而不用写一个程序"的时代，即自然语言就是编程方式。这种编程方式不用教学，随时可用，基于自然语言的工程方式不仅将影响媒体内容的生产方式，甚至还会对所有信息的生产与交付产生巨大变革。

11　参见 Rokey 发表的"AI 时代的巫师和咒语"。

算力资源的关键支撑

实际上，神经网络模型在过去十几年中能够落地的不多，这里既有应用方面探索的不足，也有算力基础支撑不够的原因。2012—2018年，用于训练人工智能所需要的算力增长了30万倍。随着超级计算机能力的增强，互联网同时提供了海量的训练数据，在硬件和数据的共同推动下，神经网络才开始完成多种工作，如翻译、识别图像等。尤其是2010年左右，GPU的发展帮助神经网络模型的落地进入快车道。吴恩达和杰夫·迪安在2012年使用1.6万个CPU去画一只猫，吴恩达事后算了一笔账，如果当年的试验用GPU，只需要12个GPU就足够了。

当前，AIGC绘画乃至生成视频都离不开大量训练模型，而模型对算力要求成指数级提升。以GPT-3为例，训练的算力需求高达3640 TFLOPS[12]。尽管AIGC的很多模型会选择开源，但是数据集和训练成果是一个团队的内部资产，这也意味着每个人工智能产品都需要支付自己的训练成本。目前大部分初创团队会将训练部署在云端，未来随着AIGC的进一步普及和商业化落地，算力集群建设和云服务都会受益。目前主流的GPU以英伟达A100为主，它用来应对底层算力需求的增长迅速。神经网络能够从20世纪五六十年代的低谷走出，其中一个重要的原因就是GPU算力的快速提升。目前英伟达数据中心最新的GPU性能可以达到125TFLOPS。随着人工智能技术的不断成熟，算力也会成为整个社会底层的基础设施，就像水电一样无所不在，让每个人能够享受到充分的算力支持，在不久的将来也会成为一个重要的话题。

可以看出来，技术进步不是一蹴而就的，而是共同作用的结果。在一些技术条件达成之后，一些"生不逢时"的理论或者创新就会迸发出巨大的能量。

---

12 FLOPS是Floating Point Operations Per Second（每秒所执行的浮点运算次数）的英文缩写，它是衡量一个计算机计算能力的标准。1TFLOPS相当于每秒1万亿次浮点运算。

第 5 章

人类的创新能力会被 AIGC 替代吗

5.1 艺术创作会被 AIGC 取代吗

用户的猎奇与创作者的抵触

人工智能已经在我们的生活里司空见惯，比如我们在看短视频的时候，人工智能可以预测下一步给你看哪个视频可能更让你感兴趣。这种人工智能被称为"分析式人工智能"，或者是"传统人工智能"。其中的基本原理就是机器可以分析一组数据，并在其中寻找到某种模式，然后将这种模式用于多个领域。因此，对于数据或者事物的分析，机器要比人类做得更加出类拔萃。

如今，不仅在分析领域，而且在创造领域，人工智能已经让人们耳目一新。在过去，创作诗歌、设计产品、制作游戏等创造性比较强的活动，一直是人类所擅长的领域，人工智能长期以来很难与人类竞争。但是 AIGC 的发展不仅掀起了一股大众艺术创作的热潮，并且开始对人工智能技术和产业发展产生重要影响。

国内 AIGC 绘画的代表性公司 6pen 发放了超过 2300 份问卷，得到的数据显示：当前有超过 25% 的用户将 AIGC 绘画成果在社交媒体平台上发布，把 AIGC 当成内容制作工具；个人用户使用 AIGC 的商业目的性不强，只有极少数用户（约 5%）会把 AIGC 生成的内容直接或者二次加工后用到工作中，仅有 1% 的用户会直接出售 AIGC 绘画或者相关衍生品。

然而真正的专业人士对 AIGC 的态度却并不全是接纳和支持。针对专业画师的调研结果显示：专业画师中有超过 25% 的人不希望自己的作品被 AIGC 学习和模仿；而接受被 AIGC 学习的画师中，大部分人要求 AIGC 展示被学习的画师的信息或者向被学习的画师付费。

创作者的担忧主要在于两个方面。一是担心失去工作。AIGC的闪电式发展，让很多以创作为生，尤其是依靠绘画为生的艺术家、设计师有了巨大的危机感——多年苦学的绘画技能，通过几行文字的指令就能让AIGC在几分钟内实现，这让不少人开始担心失去工作。曾在美国梦工厂动画公司工作的数字艺术家唐·艾伦·史蒂文森三世（Don Allen Stevenson Ⅲ）表示："对于像我这样受过技术训练的人来说，AIGC是非常可怕的，AIGC的功能就像是我做的全部工作。"二是工作价值迅速贬值。AIGC虽然现在还有很多不足，但是通过使用创作者们的艺术作品来训练，终有一日会影响到创作者们的生计。毕竟从购买者的角度来看，当你可以在数百张图片里免费挑选的时候，为何要支付1000元给创作者呢？

与此同时，创作者对于AIGC绘画的结果也并不认可。他们认为AIGC绘画只是对图片进行简单的拼接，不能算作是艺术作品；AIGC的滥用会导致艺术市场的震荡，甚至会出现"劣币驱逐良币"的严重后果。

目前，AIGC相关的企业也在试图解决创作者的担忧。例如LAION-5B训练数据集的资助商Stability AI正在推动一家名为Spawning的艺术家倡导组织，让更多人自己选择自己的作品是删除或者纳入人工智能训练数据集。在相关网站上人们可以注册并上传画作；如果不希望人工智能学习自己的作品，可以选择删除并退出。

AIGC不会取代艺术创作工作

创作工作是否会被AIGC所替代？很显然，并不会。

这种担忧其实并不鲜见。200年前，人们对自动化技术产生了一波又一波的恐惧，人们看到新技术就会害怕它们会完全取代人类的劳动。

但是，正如 *Prediction Machines* 一书所谈到的，人工智能技术只是让使用者更加有效地完成相关工作，类似于机器对于蓝领们的作用一样。或者更客观一点来讲，人工智能这种新的生产技术可以产生多种不同的效果：人工智能可以使工人在现有任务中更具有生产力，可以将人类劳动力转移到不同的任务上，还可以为人们创造新的任务。工人是得到帮助还是受到伤害，取决于这些影响中哪一个占据主导地位。以绘画为例，绘画的过程不仅考验画家的个人技巧，同时也会受到画家的感受、心路历程、受教育经历等的影响。更何况，以中国画为例，在创作过程中闲散的一笔就能构成画中的远山、层云，可能画家在下笔之前都不知道会发生什么，人工智能又如何能够计算得出来呢？AIGC 依靠算法用前人的结果生成当下的结果，但人的创造过程中最根本性的东西是"尝试"和"试错"，"打破规则"和"重塑规则"，这些是在 AIGC 绘画中被忽略掉的部分。中国人经常说"兴之所至"，但是目前人工智能还没有"起兴"，又何谈能"至"于何处呢？OpenAI 首席执行官山姆·阿尔特曼（Sam Altman）也曾表示，未来很长一段时间内人工智能在创造性任务上都不能代替人类创作者，可能到 100 年之后，人工智能才有可能独立完成创造性工作。

因此，现阶段 AIGC 在艺术领域远没有达到创作的水平，更适合做一个精准执行的工具，让从事知识工作和创造性工作的人从重复烦琐的事务中解放出来，让人们和机器之间形成更加紧密的协作状态，从而产生更高的劳动生产率和经济价值。从这个角度出发，我们会发现 AIGC 绘画并非要替代创作者，而是成为有效的工具，深度嵌入创作者的工作流程中，提高商业效率。如果从商业的角度来看，绘画创作其实是一个理解、判断、转化、创造的过程，把人类的想法和理念转化成可视的、有信息传递价值的图像。然而，这个过程中往往不仅会生成一些图像，更多的是关于故事和情感的表达，但 AIGC 显然还不具备讲故事和表达情感的能力，AIGC 创作的内容来源于使用了它的人。正如 Midjourney 创始人大卫·霍尔兹（David Holz）所言："贝壳皆来自大海，但海洋非造物者。美石皆来自川河，但河流非孕育者。这套系统并无创造的能力，但美可以来自其中。AIGC绘画本质如同行云，它并无任何主观的意愿[13]。"

因此，AIGC难以替代艺术创作，更多的是辅助。具体来看可以是两种方向，一种是AIGC帮助创作者寻找灵感，描绘概念；另一种是把AIGC生成的图像和人类创作进一步结合，形成更加符合需求的图像。有专家预测，AIGC可以使知识工作和创造性工作的效率或者创造性至少提高10%，并因此产生数万亿美元的经济价值。更为重要的是，AIGC让大家意识到人工智能可以在我们的创作工作中发挥作用，可以运用在不同层面以推进创作或设计。

从工具型的角度来看，传统的插画、海报等场景，从沟通需求到敲定方向，往往耗费几个工作日的时间成本。设计师要详细了解用户需要一张怎样的图片，用户则需要将自己脑海中的想法通过文字表达出来，然后经过多轮的反复沟通、出样图、修改等环节确定最终的方案。但是AIGC将使这个周期大幅度缩短，通过调整提示词可以先大概描绘出效果图——这个过程可以在短短几分钟内实现，然后在效果图的基础上来进行技术性的修改。例如，已经有用户利用AIGC生成一个相对模糊但具备色彩结构的概念图，然后利用NovelAI生成相对具象一点的画面，最后再由画师通过传统手工工艺进行纠正和细化。这样AIGC就成为一种工具，而非直接生成作品，最终的成品还保持着创作者的设计思想和能力展现。尽管当前AIGC绘画还是会出现一些令人啼笑皆非的问题，比如把人画成狗，但这些问题和节省时间精力的成本相比，不算太大的问题。

在人工智能出现之前，创作者都是人工绘画，被问到最多的问题大概是"您用的是什么笔刷"。随着AIGC的出现，大家的问题可能要变成"您用的

---

13 参见由微信公众号"全民熊猫计划"发布的海辛的原创文章"Midjourney回答AI是否具有创造力"。

是什么提示词"。因此,与其说有的工作会被 AI 取代,不如说会淘汰那些不会使用 AIGC 的人。正如在计算机诞生之初,能够最先掌握这一工具的人,就会比其他人具有更高的工作效率。同样,AIGC 会率先淘汰适应性差的人,但是那些敢于拥抱变化、适应力强的人,往往能驾驭新技术、发现新机遇,从而获得新收益。规律和周期难以打破,新的生产方式必然会替代旧的生产方式,而在这个过程中,新的工作岗位、新产业甚至新的艺术表现形式会从变革中诞生。

毕竟,技术赋能不能成为空谈。罗马数字时代,乘法被认为是非常高深的概念,只有当时的数学家才懂得如何进行演算。但是当阿拉伯数字出现之后,六七岁的孩童也能够理解并用纸笔做计算。其中的原因并非乘法本身发生了变化,只是因为数字的表示方式获得了升级。同样的道理,在过去,创造力可能是部分人的天赋,但随着深度学习的爆发,创造力将不再局限于少数群体。

使用 AIGC,需要具备什么能力

人工智能在创意工作中可以扮演什么角色呢?

相信很多人会对这个问题感兴趣。总的来看,人工智能,尤其是 AIGC,可以在以下几个领域担当角色。

一是进行汇总提炼与实例化。AIGC 可以很好地完成信息收集并做出洞察与汇总,同时可以把创作者的想法进行实例化,比如将想法转化为文字、代码、图像、视频等产物。

二是创意可能性。AIGC 可以探索更多高质量的可能性,启发人们的创作。尤其是对于给定的目标,可以结合风格、结构、思路进行创造。

三是完善与持续更新。AIGC 可以针对各类不可控要素进行修改完善,构建

"效果反馈-测试-更新"的工作闭环。

当然,AIGC 也需要我们有对应的能力才能驾驭。对于新时代的创作者来讲,也有一些必须要具备的能力。

首先,就是对创造的极大热情。AIGC 发展得再快也是一种"被动创造",人和机器在动机方面有非常大的差别,同时人们对事物的抽象能力和定义具象化的能力也是难以超越的,这对于创造类工作无疑非常重要。

其次,决策与引导。创作人员需要有较强的描述能力、对目标的理解能力,以及对限制条件的控制能力等,只有这样才能做好方向的取舍,进行利弊权衡,最终形成正确的决策。

最后,创作人员虽然不需要详细了解 AIGC 的所有模型和算法,但是仍然需要深刻理解人工智能系统的工作方式和边界。

因此,我们即将进入一个全新的协作时代。如图 5-1 所示,过去以人为主的独立创作将逐渐成为历史,更多的新协作方式逐步显现,那就是人与模型之间通过自然语言进行沟通,模型再通过代码或者 API 与效率工具进行打通,从而将人、模型、工具整体融合,将各个角色的沟通阻力降到最低。

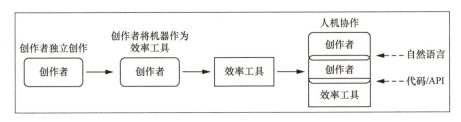

图 5-1 人机协作的演进历程

AIGC 是直接消费品还是工具

关于 AIGC 是走向直接消费品还是变成辅助工具,业内尚未有定论。但从当前 AIGC 的发展阶段来看，AIGC 直接生产出的内容价值不高，尤其是目前模型的稳定性和对于提示词的理解方面还有较大不足；而对内容供给速度的提升是否有价值，仍需进一步研判。另外，对于 AIGC 内容的消费不仅仅需要衡量内容生产的总量，还需要从用户个性化、实时性需求的满足方面进行研究和综合评判。

与此同时，AIGC 作为内容生产辅助工具反而有更大的发展空间。AIGC 直接产生作品和作为辅助工具的区别，可以理解为典型案例和标准化赋能的区别。作为辅助工具，AIGC 可以提供创作的相关线索、补充创作因素、完成特定的局部操作等，让更多人参与到创作行业中。简单讲，就是构建"人机共创"的模式。作为辅助工具，AIGC 需要回归到产业当中，进行产业链上下游的联通，最终成为整个链条的催化剂和枢纽。如同 Photoshop 之于摄影师，Unreal Engine 之于游戏开发一样，AIGC 可以作为对于特定场景的内容创作平台的核心工具，对存量市场进行二次开发。同时，在 C 端，AIGC 的辅助工具能力，也可以提升用户的活跃度，从而完善平台内容循环。

当然，也会有人担心如果只把 AIGC 当作工具，甚至是被现有工具集成之后，很难有更大的价值。但实际上可能恰恰相反，被拥有海量用户的应用集成后，AIGC 的单用户价值的估值反而有望进一步提升。同时，由于人工智能的发展，原有解决方案的先发优势或者壁垒会发生改变，也会带来新的创新、创业机会。

在可以预见的未来，AIGC 将为内容创作行业带来新的变化，例如前期的设计灵感探索、渲染、整体调色等都可以交给 AIGC 来完成，设计师的主要工作将转向提供提示词，即如何将艺术设想清晰准确地描述给 AIGC，从而提升创意、审美和搜索能力，让 AIGC 在效率和风格创意上帮助设计人员在新领域进行探索，从而构建"灵感－线索－作品"的新路径。

5.2 创作者如何通过 AIGC 获得更大的收益

如何将 AIGC 应用于创作

5.1.2 节简单介绍了 AIGC 如何融入创作工作中，我们可以发现 AIGC 将重点在内容生产领域发挥较大价值，其次在跨模态延展领域也将具有较大影响力。

在内容生产领域，AIGC 的价值主要表现在两个方面：一方面，对于存量内容制作有较强的成本和效率优势，尤其是在和人力生产内容进行比较时；另一方面，AIGC 对于跨模态内容的生成将会进一步拓展内容生产的边界以及想象力。AIGC 生成的结果多少会有一定的随机性，生成的图片很难按照"要求"来生成。但是这一过程也会带来很多"惊喜"，尤其是在艺术风格的创新和突破方面，可以给艺术创意带来灵感的迸发和参考。

目前，AIGC 的创作模式可以简单梳理为以下流程：用户上传关键词或者某种风格的图像，之后对要生成的内容风格、应用场景进行选择，在此基础上 AIGC 完成内容架构，生成对应的内容。AIGC 可以在短时间里生成大量可以选择的素材，从而提升内容生产效率。下面，我们从一个传统原画设计师的角度来看一看，设计工作是如何进行的，以及有了 AIGC 之后是如何提升效率的。

实际上，原画设计师的工作流程主要包括"承接需求-搜集素材-创作构思-绘画出图-沟通修改"等步骤。如图 5-2 所示，原画设计师在初步理解需求之后，一般会先找一些相关的作品，开拓思路并寻找灵感，之后将找到的作品发送给需求方以确定双方的大体思路是否一致。在这个过程中，设计师一般会在多个图像网站搜索相关内容。搜索内容对于设计师来说，主要是想从已经出现的作品中获得"创意和想法",比如有哪些配色方案比较好、画面中有哪些必要元素、使用什么样的材质和光影效果更有表现力等。

图 5-2 设计师进行传统创作的基本思路

已经公开的作品可以给设计师提供创意思路,是设计师构思方案的重要原材料。设计师用这些原材料结合自己的想法,围绕设计需求反复组合、探讨、筛选,最终产生新的方案。

那么通过 AIGC 可以如何改进以上流程呢?

如图 5-3 所示,首先设计师给 AIGC 一段提示词,然后人工智能根据自己的理解来进行内容生成,最终生成大量内容供设计师选择。在这个过程中,传统的在专业素材网站、搜索引擎或者其他网络上进行搜索的过程,有望被 AIGC 替代,AIGC 通过学习互联网上的内容,可以生成大量创新组合,并给设计师更多时间进行试错和创作。当然,AIGC 生成的图像并非最终结果,它更多的是帮助设计师进行创意搜索和提炼,起到辅助的作用,最终为新作品的完成奠定基础。

我们把整个过程涉及的关键点抽离出来,看看整个过程中 AIGC 在哪些环节实现了替代。传统的创意工作需要涉及多个领域,包括版权、图片库、搜索引擎、编辑工具等,这些流程的目的就是让生成的图像逐步满足需求。但是 AIGC 能够将这些过程进行整合,也就是说过去大部分的图像文件存储、传输、分发和交易环节，会随着 AIGC 的出现逐渐浓缩成一个步骤，从而使得以上几个步骤所花费的时间被缩短。

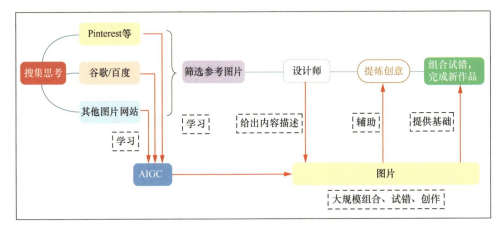

图 5-3　AIGC 助力设计师进行创作的示意图

在捕捉灵感方面，AIGC 可以协助有经验的创作者捕捉灵感，构建新的创新互动形式。例如在游戏行业，制作人的灵感往往难以用文字准确表达，导致在与美术工作人员沟通的过程中产生理解误差。而 AIGC 系统可以在设计初期生成大量草图，在此基础上制作人与美术人员可以更好地相互理解并确认彼此的需求。同时，制作人可以提前通过 AIGC 来寻找"灵感"，进一步降低美术创作者的工作量和项目成本。例如，制作人可先构建完整的背景故事，之后由 AIGC 生成系列画作，再由专业的美术人员进行筛选、处理、整合，并将整个故事和画面进一步完善提升。

在提升效率方面，AIGC 的出现将会让创作者拥有一个更加高效的智能创作工具，对创作者创作的内容进行优化，而非成为竞争对手。尤其是对于艺术、影视、广告、游戏、编程等创意行业的从业者来说，AIGC 可以辅助从业者进行日常工作，不但有望创造出更多惊艳的作品，还可以进一步降低成本、提升效率，为规模化生产构建市场增量。

因此，AIGC为创作和设计带来了一个新的工作流程，即把过去"创意—图片—网站—图片—创意"的流程迭代为"创意—AIGC—创意"的通路。如图5-4所示，这一改变不但体现出AIGC对于创新的辅助工作，更是将人工智能进一步融入创作工作的流程当中。

图 5-4　创意流程的改变

在创意构思阶段，AIGC构建了新的创意完善通路，传统创作过程中的消化、理解以及重复性工作将有望交由AIGC来完成。在创意实现阶段，创作者和AIGC的关系类似于摄影师和照相机——摄影师构建拍摄思路并进行规划，对相机进行参数配置，但不用了解相机的工作原理与机制，一键生成高质量的内容。同样的，创作者构思并进行规划，对AI模型进行参数配置，不需要了解模型的原理，直接点击输出内容即可。这样，创意和实现呈分离状态，创作过程变为一种可重复劳动，可以由AIGC来完成，并逐步将成本推向趋近于0。

用AIGC模型来创作是一件既容易又非常困难的事情，容易在于使用者可以直接调用模型，困难在于如何将生成结果打磨到符合你的设计诉求、构想，在质量上达到商业交付标准，并达到形式上和内涵上的完美。需要指出的是，创作本身其实是一个有很多环节的长链条，不仅仅局限于图像生成这一步，还涉及需求、原型设计、创作、修订等，以及融合了协作、交付、复杂现实环境中的应用等。

目前大部分人工智能使用者还处于"尝鲜"阶段——通过发现或者微调模型，优化输出结果来生成满意的作品。这个阶段的趣味性较强，但是如何让这些作品成为传统有收藏价值或者有交易价值的作品，能否和现有的工作融合在一起来达到商业需求的标准，还有一定的路要走。同时，大家也会发现，这里面还有很多问题没有解决，比如人工智能在完成重复性工作的时候，如何体现学习到的图片作品的创作者的价值。更直接一点就是如何消除创作者对 AIGC 的抵触情绪，让更多人愿意把人工智能技术作为自己的工具，甚至通过 AIGC 给自己带来更多的收益和影响力呢？

创意工作者的收益探索

前面介绍了 AIGC 为迭代创意工作做出的贡献。这一过程中，其实不但没有让创作者丢掉工作，反而为艺术家带来了新的获益渠道。

艺术家的贡献在于能够产生优质的"创意"，而下游的创作者需要的正是"创意"本身，创意才是比图像更本质的价值载体，也是这些图像背后的价值核心。因此，如果能够把艺术家在"创意"交易中的贡献进行定价，那么我们就可以在 AIGC 的发展过程中为艺术家提供新的收益模式。

这种收益模式该如何量化和实施呢？

研究人员发现：AIGC 在生成图像的过程中会引入"注意力机制"，跟 Transformer 中提到的"注意力机制"很相似。例如我们需要 AIGC 生成"一只青蛙和一只土拨鼠的照片"，那么在生成的过程中，如果我们对"青蛙"这个词引入注意力机制，就可以把"青蛙"这个词对 AIGC 生成图像的贡献记录下来；同理，也可以把"土拨鼠"这个词对图像的贡献记录下来。也就是说，通过计算每个关键词影响的区域面积和强度，就可以量化各个关键词对 AIGC 生成图像的贡献。对于 AIGC 来讲，将"青蛙""土拨鼠"和某位艺术家的名字作为关键词来生成图像,都可以用同样的方法进行贡献度量化。

如果我们将艺术家名字的关键词对生成图像的贡献作为艺术家本人在 AIGC 中的贡献,就可以从原理上为艺术家的创意价值进行量化定价。举个例子,假如 AIGC 应用以分成的形式与艺术家进行收益结算,那么就可以根据艺术家的贡献比例分成如下:

艺术家收益 = 将该艺术家名字作为关键词生成的图像数量 ×(将该艺术家名字作为关键词生成的图像数量 ÷ 平台生成图像的总数量)× 每张图像费用 ×(1− 平台分成比例)

例如,某 AIGC 平台一周内生成 10 万张作品,其中将某位创作者名字作为关键词的作品有 3 万张,则该创作者的平均贡献度为 30000÷100000=0.3,每张 AIGC 绘画成本为 0.5 元,平台分成 30%,那么这位创作者本周在该平台的收益为:30000×0.3×0.5×(100%−30%)=3150 元的收益。由此可见,参与建立 AI 数据集将有望成为艺术家的新增收益。

如果某位艺术家名字的关键词被大量用户反复使用,那么其收入也会快速增长,甚至会超过传统的版权收入。当然,艺术家收入的计算方法还可以有其他方式,但总的目标是希望在 AIGC 快速发展的同时,能够进一步量化艺术家的贡献,并给予公平的收益。在拥抱 AIGC 的同时,创造出新的"艺术+科技"的融合型变现方式。

未来人工智能创作艺术的 5 个层次

众所周知,DeepMind 公司训练的 AlphaGo 曾打败人类围棋选手。实际上,AlphaGo 在击败人类选手之后,确实引发了一阵恐慌,也就是人工智能是否会替代人类。但与此同时,还有一些知名的围棋选手选择了与人工智能合作甚至是向人工智能学习。比如韩国棋手申真谞就专门去了解、分析人工智能技术是如何在下围棋的过程中进行决策的，并在与人工智能的一次次博弈中不断提升和弥补自身的技术水平。有意思的是，申真谞在 2022 年的围棋比赛中战胜了柯洁。赛后柯洁坦言，申真谞下围棋有人工智能的身影和思维模式。

因此，在艺术领域也是类似，人工智能无论是对创作灵感的启迪，还是对新画风的创造，抑或是对创作效率的提升，都能成为数字时代非常有利的工具和伙伴。艺术家与其对人工智能产生激烈的反对和担忧，不如更有智慧地选择与人工智能合作并与其和解，将自身从传统的束缚解放出来，创造新的现代艺术流派，形成自己的市场和粉丝群体，从而获得更多、更大的价值变现。也许有一天，艺术家也会在 AIGC 的帮助下获得"高被引"的荣誉。正如波兰艺术家 Greg Rutkowski，他是当前 AIGC 绘画领域引用量较高的艺术家，这给他及其创作流派带来了不可估量的影响力。如果 Greg Rutkowski 在一个能够根据关键词计算贡献度并给艺术家分成的 AIGC 平台上入驻，为这个平台提供自己作品的高清数据集，同时号召用户使用他的名字作为关键词来生成 AIGC 作品，那么按照 Greg Rutkowski 当前每天上百万次的关键词引用频率，也许已经实现日入数万元甚至数十万元的收益了。

因此，再回到艺术创作领域，当前 AIGC 对创作工作更多的是支持和辅助，未来人工智能技术又能给创作工作带来哪些想象空间呢？

艺术创作，从广义来讲可以包括绘画、雕塑、音乐、舞蹈等多个领域，艺术作品承载了人们的思想观念和精神意志，主要是为了传递情感。艺术家创造艺术也是为了自我表达和展现他们对周围环境的理解。自从人类出现以来，岩洞壁画就成为一种重要的表达方式。

当前，基于 AIGC 的生成式艺术发展并不能刻画人性，但是艺术家与人工智能合作并共同创造艺术，则成为下一步的可能。那么，为何一定要让艺术家与人工智能进行结合呢？实际上，开发能够进行艺术创造的人工智能技术，不是简单的输入和输出，而是将其他学科融入艺术当中，不断地提高我们对创造性行为的理解和认知，同时还能进一步拓展计算机学科的边界。因此，AIGC 不是要替代人类创造艺术，而是作为人类艺术家可以使用的方法甚至合作伙伴。从文艺复兴开始，到照相机的发明，再到信息技术时代，艺术永远会随着技术的进步而焕发新的光辉。也就是说，未来的艺术有望建立在"人机共创"的基础上。

但两者还是有区别的。人工智能创造者和艺术家之间的一个核心区别是经验的来源：艺术家的经验来自于不确定的自然界和社会环境，随着周围事件的影响和艺术家对此做出的反应来发展艺术家自身的创造力，可以说艺术家创造的艺术是对人类环境的反应和表达；而人工智能创造是在一个由人类定义的环境中训练出来的。

这也就说明，AIGC 创造的作品必须在某些审美逻辑的约束下，进行广泛的非随机探索才有价值。在这种情况下，人工智能不仅仅是工具，更是人类的合作者。根据"Pathway to Future Symbiotic Creativity"研究报告显示，人工智能创造体系可以分为五层，从下到上分别是生成系统、鉴赏系统、艺术系统、共生系统和真实系统，如图 5-5 所示。

图 5-5　AI 创造系统的 5 个层次

生成系统（Generative System）：在这个层面，系统根据输入来产生不同的输出，可以通过改变系统参数来改变生成的输出。

鉴赏系统（Appreciative System）：该系统能够辨别输出的质量，允许通过与审美价值相关的测量矩阵将审美偏好编码为一个适应度函数，即量化审美。

艺术系统（Artistic System）：在鉴赏系统的基础上创造出自己的审美适应度函数，并用来过滤和排列自身所产生的输出。因此，这个层面的艺术系统已经具备了通过艺术来影响世界的能力。

共生系统（Symbiotic System）：这是一个能够与人类进行艺术生成方面的交流的艺术系统，通过解释或生成高质量的、令人惊讶的输出来影响人类对艺术作品的欣赏，从而实现人工智能对人类的影响。此外，这个系统还可以从人类以及周围的环境中进行学习，产生非常有趣的、不可预测的输出。

真实系统（Authentic System）：在共生系统的基础上，可以通过检测人类反应的传感器和先进的线下或线上人机互动技术，记录自身的创作、人类的审美，以及艺术方面的人机交互过程。该系统可以将生活经验和外部知识转化为观念，并反映在生成处理和输出中[14]。

可以发现，前三个层次的人工智能创造系统主要是作为一个被动的学习系统，专注于通过模仿人类艺术家来生产作品。之后的两个层次则强调艺术创作过程中人工智能和人之间的交互，尤其是人工智能需要理解人类的心理状态，比如欲望、兴趣和情感等；另外，人类也要了解人工智能创作能力的边界和限制条件。这种双向理解是人机协同成功的关键。因此，共生系统能够与人类交流其创造的审美价值，并影响人类的思想。同时，它也会在人类环境中受到启发，不断丰富其审美知识和创造力。随着记忆能力增强，一个

---

14 参见微信公众号"Mindverse Research"发布的 Yike Guo 等人的原创文章"AI 艺术：迈向人机共生的创造之路"。

真实系统将有望拥有自我发展的审美价值、艺术风格和表现力。因此，后两个层次有一个共同特点，那就是通过与人类对齐审美，以实现人机协作的艺术创作范式。

以上是专家对人工智能未来在艺术创作方面的愿景和能力分级。通过对人工智能创造体系的详细介绍，大家会发现：以现在 AIGC 的能力，仅能达到最底层的生成系统的基本能力，距离其他层次还有较大的距离。因此，当前对人工智能技术取代创作工作的担心是多虑的，我们应该花更多时间来思考如何让人工智能技术尤其是 AIGC 来帮助我们更好地提升创作、拓展创作、融入创作。

马车阻挡不了汽车的发展，因此在新的拐点上不应固守当好"马车夫"，而应积极尝试成为"汽车司机"。

5.3 AIGC——你的"达·芬奇"

内容输出的"平民化"

人类历史上有过很多知名的艺术家，但是不同艺术家的作品数量却是千差万别。有的艺术家一辈子可能只画了几幅画，但是有的艺术家却有大量作品传世。例如达·芬奇的作品就有很多，但也有人质疑达·芬奇的作品有部分是他的徒弟画的。这个传闻是真是假已经难以辨别，尤其是对普通人来讲，很难分辨出哪些是达·芬奇画的，哪些又是达·芬奇徒弟画的。

现在有了 AIGC，人工智能就有望成为我们的"徒弟"，协助我们进行创作。因此在人工智能的加持下，每个人都有可能成为"达·芬奇"。

AIGC 赋予了人类更多创作的机会和能力，不仅在 ToC 领域实现了用户尝鲜、满足了用户的猎奇心理，在 ToB 领域，尤其是结构化内容生成领域，同样拥有重要的发展方向。另外，无论是通过文本生成图片还是视频，跨模态生成将成为 AIGC 发展的重要趋势。

目前短视频等互联网流量平台上有大量普通用户创作的作品。如果说短视频海量用户创作时代造就了当前短视频业务的快速发展，那么 AIGC 有望使更多用户天马行空的想象力变为现实。同时，生成内容类型更加多样化，包括文本、图像、视频等多种形式，可以帮助用户创建更丰富、更有趣的内容和形式。而且在数量上，AIGC 将产生远超现有存量的内容。以图像领域为例，当前全球最大的图库公司 Shutterstock 拥有超过 4 亿张图片，而 DALL-E 2 一天的图像产量就超过 200 万张，Stable Diffusion 创始人甚至表示，未来每天会生成 10 亿张图像。

AIGC 更深层次的意义在于，有望解放更多的创作者，推动全社会进入"创作者经济"时代，构建新的生产关系。随着内容消费趋于碎片化，对内容生成的多样性要求进一步提升。例如，不同的宣传物料，在不同的渠道、位置，针对不同的群体都有特定的设计，需要进行区别，从而增加了内容总体的需求量和长尾效应。如何保证内容的持续供给成为关键。针对这一问题，一方面可以增加研发人员和创作者，另一方面可以通过增加更多 AIGC 类工具来提高专业人士的创作效率。

大众与艺术家"直连"

当前 AIGC 的绘画作品，无论是笔触、画质、艺术性，都难以与艺术家的作品相提并论，更不存在与人类艺术家争抢存量市场的可能。创作者和人工智能的关系更像摄影师和照相机的关系，摄影师构思创作意图并进行规划，之后对工具进行参数配置，也就是设置好相机，最后一键生成高质量内容。

然而在 19 世纪摄影技术刚出现的时候，很多人尤其是部分艺术家是抵触的，因为摄影技术成本低廉，还可以随时移动拍摄，这让普通家庭甚至低收入家庭都可以负担得起。但摄影技术并没有取代肖像画家。那时的很多人和当前使用 AIGC 的用户类似，主要是把相机当作一种玩具，但是部分画家开始使用相机辅助创作，甚至开创了新的流派，比如印象派分支 Impressionism 就是受到摄影技术的影响而发展起来的。这之后还有很多创新的艺术形式，都极大地丰富了艺术的定义。摄影技术不但没有阻挡艺术创作，反而带来了新的艺术表达方式。

类似的，在 AIGC 领域也将出现这样的路径。AIGC 会形成新的增量市场，产生全新的媒体形态和消费形式，对应的会有新的艺术形式与判断标准出现，最终带来全新的体验和功能。传统的艺术家主要通过画廊、拍卖市场等渠道变现，很显然与 AIGC 的模式不尽相同。例如泡泡玛特通过与新兴艺术家合作，把这些对科技感知能力和包容性更强的艺术家作品变成"盲盒"，并附带了金融属性和全民消费属性，反而拓展了新的消费市场。因此，AIGC 并非要抢占传统艺术品市场，而是有望开辟新的消费增量市场，甚至让艺术品具有"快消属性"。AIGC 能给予普通设计师更多的效率提升和合作需求的可能，即使短期内与传统艺术家的理念有冲突，但是长远看会开辟出不同的增量发展路径。

实时互动和精准化构建的"即时满足"

2G 时代，用户消费的内容主要以文字为载体，3G 时代的内容主要以"图片+文字"为载体，4G 时代则变成以"视频+图片+文字"为载体，5G 时代"直播+视频+图片+文字"又成为常态。随着通信技术和软硬件系统的不断升级，主流的内容消费形态也在不断丰富和延展，包括未来元宇宙的发展，都将包含海量丰富的感官体验，消费者对于内容形态的要求也会随之提升。AIGC提升了内容生成的速度，这对于不同场景中的实时互动具有重要意义，实时交互教育、实时交互游戏、实时交互社交等场景有望进一步发展。例如用户可以在社交或者游戏中实现情感需求的投射，并在与虚拟人物或者NPC的互动中得到满足。在AIGC的推动下，个性化服务将在未来变得更加精准，内容创作将更多地落在参与者身上，尤其是和用户个人特殊需求或者特殊经历相关的内容，参与者将对内容生产施加更多影响。这也预示着每个个体都需要对内容进行二次创作或加工，最终留下用户个人鲜明的特征。AIGC可以根据用户数据和市场反馈，基于历史数据进行内容实时优化生成。这将在内容营销领域形成新的场景和商业模式。

同时，AIGC由于学习了海量的数据，在二次创作上有较大空间和自由度，甚至经常生成一些在现实中不存在的形状、物品或者结构，给内容创作带来更多可能，产生超现实感。同时，AIGC对多模态的拆解，可以突破物理限制，形成更多场景的组合与创新。

社区与共创的"想象力"

用户要想充分发挥AIGC的能力，不但需要打磨提示词，更需要充分发挥人机共创的想象力。AIGC能够助力社区的互动和文化发展，同时社区能够给予人工智能模型及时反馈。相较于UGC平台，AIGC能够进一步降低用户参与创作的门槛和成本，而创作门槛的进一步降低将有助于社区的互动和发展，同时降低平台的内容成本。在AIGC的相关社区中，我们可以看到使用者的经验、知识都处于共享、叠加和彼此增强的状态，创作者基于彼此的经验和探索来演绎出更加精彩的想象力空间。Midjourney创始人曾经感慨：当大家在社区共同创作的时候，一开始有人会让 AIGC 绘画一只"狗",随后会有人提议画一只"太空狗",紧接着是"阿兹特克[15]太空狗",这种头脑风暴般的共创过程,让更多人意识到社区共创的无限可能。ChatGPT 上线的一个重要原因就是可以通过开放的用户交互,收集到更多的反馈数据。社群对内容的探讨和偏好,能够为 AIGC 模型提供优质的反馈,以便进一步优化增强产品能力。想象力不是某些人独有,创作者的范围边界正在被打破,AIGC 有望成为一种全民想象力的公共物品。不同用户可以在社区中汲取灵感,并在这一过程中不断推动 AIGC 的进化,构建起强大的群体智能[16]。

OpenAI CEO Sam Altman 曾对外表示:"过去十年,人们认为人工智能将首先对机械性的重复劳动产生影响,然后在未来某一天或许能够进行创造性的工作。但现在看来,人工智能正在以相反的顺序发展。"

基于生成全新内容的平台

传统的内容平台主要基于关键词搜索、智能推荐等功能。随着 AIGC 的引入,用户所消费的内容将有望来源于人工智能对用户的理解。基于推荐的内容来源于有限的素材库,但是基于生成的内容则是源源不断的。例如,当前短视频平台推荐的内容主要是创作者创作出来的内容,无论是 PGC(Professional Generated Content,专业生产内容)还是 UGC(User Generated Content,用户生成内容),其创作的内容是有限的。但是 AIGC 生成的内容可以允许每个人都是创作者,即消费者对内容的反馈可以让人工智能了解你需要什么、喜欢什么,然

---

15 阿兹特克文明(Aztec Civilization)是墨西哥古代阿兹特克人所创造的印第安文明,是美洲古代三大文明之一,主要分布在墨西哥中部和南部,形成于 14 世纪初,1521 年为西班牙人所毁灭。

16 参见微信公众号"巴比特资讯"发布的刘秋杉原创文章"万字长文讲透 AI 艺术:缘起、意义和未来(中篇)"。

后人工智能就为你生成什么，而不再是为你推荐什么。

如图 5-6 所示，AIGC 正在不可逆地向更加复杂和丰富的维度攀升，并在互动性、多人参与、沉浸式等方面持续发展。针对专业创作人士来讲，AIGC 难以替代其工作，更多的是体现在提升专业人员的生产效率上。目前，用户对能够动态交互的个性化数字内容的需求越来越多，消费需求远高于制作速度，传统的制作方式已经难以为继，因此需要 AIGC 作为工具来加快效率的提升。例如，对于电商平台，服装上新需要线下拍摄，服装师、摄影师、模特、化妆师一个都不能少。随着 AIGC 的到来，可以直接用人工智能生成可以展示服装的模特图像等，效率在提升而成本却在下降。

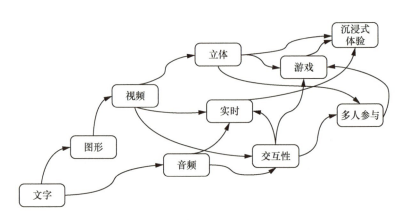

图 5-6　AIGC 涉及领域的关系示意图

（图片来源：Rokey《AI 时代的巫师与咒语》）

5.4　抓住 AIGC 的机遇

AIGC 时代，做"短信"还是"微信"

每个时代都有鲜明的主题和特征。简单回顾一下工业革命的发展，就会发现有很多节点和当前技术创新有着惊人的相似之处。

18世纪60年代到19世纪40年代，人类经历了第一次工业革命，蒸汽机促进了机械化生产。19世纪60年代，人类拉开了第二次工业革命的序幕，电力的发展和应用推动了劳动效率的提升，劳动分工和批量生产成为现实。从20世纪四五十年代至今，我们正处于第三次工业革命时期，通过微电子技术实现了自动化的IT系统，信息物理系统也处于蓬勃发展阶段。我们发现信息化和数字化是当前时代的主要挑战，如何让信息流更加高效地在不同节点之间传播是我们要解决的核心问题。

信息的不对称带来了人与人在认知上的差异，同时也孕育出了更多的商业机会，催生了很多以信息流为生的新兴产业，如当前我们经常使用的短视频等。以感官来分类，图像、声音、视频在最近10年内都在快速扩张和普及。这一方面依赖5G、宽带等信息通信基础设施的完善，另一方面也依赖智能信息分发平台和算法的精准推送。

更进一步分析可以发现，内容生产方式的整体趋势是向多样化、高效生产与精准传播的方向发展。也就是说，内容生产带来的话语权不仅仅是专业机构所独有的，普通用户、创作者也可以生产特定的内容。同时，内容的载体也变得更加长尾、碎片、生活化。随时随地记录自己的美好生活成为趋势。因此，从信息化的角度来进一步推断，我们会发现AIGC的出现有一定的必然性。因为它提升了信息和内容生产的效率，让内容创作的门槛进一步降低。

以短信和微信作比较会更明显：过去消费者经常使用短信进行通信和社交，需要按条付费；但是微信打破了过去按条付费的模式，用户之间的交流成本大大降低，然而用户的交流需求没有改变，改变的只是方法和渠道。同样的，内容生产和创作的需求并没有变化，只不过创作者使用的工具在不断地迭代升级。在AIGC领域，我们也可以做同样的类比，对于传统的创作（包括写文章、创作音乐、绘画等工作），时间和精力是最不可忽视的成本，涉及市场需求调研、学习熟练使用工具、事后调整等。而AIGC辅助创作，可以让从创意到原型的过程实现得更加便捷、高效。

需要指出的是，商业模式的成功并不是完全依赖于技术本身，而是依托于技术基础之上的人、社会、生态等内容。技术的作用主要是发挥规模化、批量化的杠杆作用。例如，大家经常使用短视频，并不是因为观看短视频免费，而是我们周围的朋友、同事在使用短视频来消遣和获取信息，你需要与朋友、同事社交，在互动的时候把短视频的内容作为谈资。再比如，我们在电商平台买东西不仅仅是因为物品便宜，而是因为它可以节省我们的挑选时间并能够及时配送到我们手中。这里面存在一个重要的思维盲点：和技术性挂钩的服务是可以比价的，但是与人、社群体验挂钩的服务是难以比价的。

例如，同样是智能客服解决方案，A公司的价格是2000元每小时，B公司是2300元每小时。想使用智能客服服务的人只要简单调研一下就会发现：当前各公司智能客服的技术基本相同，如果训练的数据、算法差异不大，当然是选择越便宜的越好。但是C公司做了创新——把智能客服的解决方案几乎免费送给客户，但是对定制化声音服务进行收费。假设你是一个自媒体人，有大量的录制稿件的需求，那么C公司就可以定制化你的声音，让你只负责文字，把声音录制交给人工智能来解决。因为定制化的声音专属于你自己，对于服务质量的评价带有强烈的主观色彩，所以企业有更大的议价空间[17]。在基本共识之外，但又在大众需求情理之中的信息差才是机会点和盈利点。

因此，当我们想从AIGC的角度来思考商业模式的时候，我们会发现单纯靠技术是不现实的，更多的是需要生态运营、真正解决用户需求。解决实际问题，才能实现盈利和商业闭环。在AIGC兴起的当下，我们尤其要保持冷静，要提前

---

17 参见微信公众号"元创悦听"发布的龚俊民原创文章"浅谈一些AIGC赚钱赛道"。

思考好是做"卖短信"的生意，还是做"微信"的生意。

AIGC 的发展仍无法脱离技术周期

2022 年，当我们被 AIGC 的惊艳表现所震撼的同时，也有很多专家指出 AIGC 并没有太多的创新，毕竟人工智能绘画并不是在 2022 年才出现。就如同每年看到新版苹果手机问世的时候，很多人的感觉就是了无新意。但是从后往前看，你就会有不一样的发现：对于现在的苹果 iPhone 14 PRO 手机，10 年前的用户多半会认为这不现实、不可能、太科幻，5 年前的用户多半会极度渴望体验一下，但是现在的用户则期望出现更有颠覆性的终端产品。

然而，历史上技术创新的经验告诉我们，越是刚刚兴起三五年且还没有成熟的技术，我们越应该降低预期并加大投入，从而抢占赛道。技术一直在进步是事实，但等它成熟了才引发关注的那波热潮多半是泡沫甚至是一地鸡毛，此时再进入大概率为时已晚。因为深耕其中的人有可能已经把商业模式跑通，此时再进入已经处于劣势。所以，在新技术兴起的时候，既要有耐心，也要有紧迫感，做好执行量变的准备，为下一次质变打下扎实的基本功。毕竟想象力等同于新的可能性，但不代表真实的需求。

第 6 章

开源成就行业发展的未来

6.1 开源让我们站在巨人的肩膀上

开源是人工智能发展的重要驱动力。如果研究人员训练出的大模型，仅仅止步于在顶级会议上发表论文，那么其他研究人员看不到模型训练技术的更多细节，模型的可复现性将大打折扣。而可复现性是保证科学研究结果可靠、可信的一个重要因素。有了开放模型、代码和数据集，科研人员就可以站在巨人的肩膀上去触及更高处的果实，节省下来的时间可以进一步加快技术创新的速度。2020 年 GPT-3 发表，直到一年后才出现同等水平的开源代码，大模型领域开始进入蓬勃发展的道路。而 Stable Diffusion 仅仅用了 4 个月就完成开源，并直接引发 AIGC 的井喷式发展，甚至让扩散模型也快速进入大众视野，足见开源对于行业发展和生态繁荣的重要性。

因此，开源的意义非常重大。一方面，开源促进了多领域的蓬勃发展，不仅仅是 AIGC 绘画，在音视频乃至 3D 生成领域，都可以不断结合扩散模型进行深度探索和创新。另一方面，开源让技术研究的门槛进一步降低。高质量的开源代码以及可以随时接入的 API 接口，让 AIGC 真正进入大众的工作生活，人工智能研究不再是专业科研机构或者龙头科技公司的专属，大量初创企业也可以基于开源的大模型进行发展和探索。

6.2 开源成为引爆 AIGC 的导火索

在开源生态里，技术很难形成持久的壁垒。因此 AIGC 需要从工具的形态走出去，因为工具没有护城河，利润经常被压缩得非常薄。对于 AIGC 来说，如何让用户消费内容，甚至是创造一些用户协作、共同使用的场景至关重要。因此 AIGC 从底层改变内容的产出和交流方式，例如互动、社交和分享，最终走出工具的单一场景。

在算法模型方面，AIGC 的发展离不开开源模式的推动。以深度学习模型 CLIP 为例，开源模式加速了 CLIP 模型的广泛应用，使其成为当前较为先进的图像分类人工智能，并让更多机器学习从业人员将 CLIP 模型嫁接到其他人工智能应用上。同时，当前 AIGC 绘画领域较热门的应用 Stable Diffusion 已经正式开源（包括模型权重和代码），这意味着创业者可以更好地借助这一开源工具，通过视觉、语言等多源知识来训练扩散模型，强化扩散模型对于语义的精确理解，以提升生成图像的可控性和语义的一致性。如表 6-1 所示，Stable Diffusion 的开源直接使得 2022 年下半年 AIGC 引发广泛关注，为更广泛的 C 端用户普及起到至关重要的作用，短短几个月时间内出现大量二次开发，从模型优化到应用拓展，大幅降低用户使用 AIGC 进行创作的门槛，提升创作效率，并长期位居 GitHub 热榜第一名。

表 6-1 AIGC 绘画应用系统

序号	名称	创立时间	企业	特点
1	Disco Diffusion	2022 年 2 月	谷歌	开源
2	DALL-E 2	2022 年 4 月	Open AI（微软投资）	注册制，用完系统赠送的点数后需自行购买
3	Make-A-Scene	2022 年 7 月	Meta	不开源
4	Midjourney	2022 年 4 月	Midjourney	社区模式，将应用加载到聊天服务器上
5	Stable Diffusion	2022 年 7 月	Stability AI	完全开源方式发展

在训练数据集方面，机器学习离不开大量数据。当前 AIGC 的流行，实际上是源于数据集的开放，研究人员可以从互联网上提取大量的文字来训练图像模型。同样的，在音频和视频领域，也要依赖大模型和有标注的数据集，从而进行高效训练。LAION 作为一个全球化的非营利性机器学习研究机构，在 2022 年 3 月

开放了当前规模最大的开源跨模态数据库 LAION-5B，使近 60 亿个"文本－图像"对可以用于训练人工智能图像生成模型，帮助研究人员加快推动从文字到图像的生成模型。Stable Diffusion 最初就筛选了 LAION-5B 数据库中大约 10 亿个数据进行训练。基于 CLIP 和 LAION 的开源模式构建起了当前 AI 图像生成应用的核心。未来，随着模型稳定，开源将成为 AIGC 成熟的催化剂，开源模式有望让相关模型成为海量应用、网络和服务的基础，应用层面的创造力有望迎来市场繁荣。

在开源社区方面，Stable Diffusion 支持超过 10 万名社区成员，同时对一些能够带领社区发展的研究人员进行资助，还把相关算力资源开放给研究员进行模型训练，从而推动 AIGC 在图像、音频、视频和 3D 方面的研究，最终这些模型也会开源。可以看出来 Stable Diffusion 背后的 Stability AI 这家公司的目的其实是打造一个基础平台，从而支持开源社区的发展。Stability AI 的 CTO Tom Mason 指出，每天早上都可以在网上看到 10 个不同的新项目，每一个小项目都有可能成为一家新公司，成为一个新的开源社区。

在开源模式下，企业可以凭借公开的源代码，在已有的基础框架上进行有针对性的和应用于垂直场景的训练、二次开发，这样能够在发挥大模型通用性优势的基础上，释放远超于现在的生产力，最终带来大模型技术在产业里的真正落地和普及。作为目前大模型商业化比较关注的领域，AIGC 的快速发展印证了大模型开源的成功可能性。另外，单靠科技公司自己的团队实际上难以解决大模型潜在的问题，比如伦理偏见、恶意词句等，需要大量社区成员的通力协作。

6.3 大模型的开源之路

大模型是对人类知识体系的抽象和提炼，所以它能够应用的场景众多，能产生的价值巨大。通过开源，大模型的应用潜力才能够在众多有创造力的开发者手里得到最大限度的释放。在大模型落地正处于蓄势待发之时，推动开源能够为将来大模型的落地生态打好坚实的基础。

实际上，大模型的开源也一直在快速探索中。2021年5月，全球近千名不同领域的科学家发起了一项众筹大模型项目，模型全称为"人工智能预训练大模型"。经过一年多的筹备，该项目收到了约700万美元的资助，创建了一个参数规模高达1760亿的多语言模型，与知名的GPT-3规模相当。这个模型就是BLOOM。据称从代码到数据集，BLOOM将全部对外开放。从BLOOM数据集来看，它是一个包含46种语言的多语言模型，中文（含繁体中文）占比约为16.25%。有媒体甚至认为BLOOM的母公司BigScience拥有与科技巨头对弈的气势。

当然，科技巨头本身也在积极参与大模型的开源。例如Meta开源了拥有1750亿个参数的大模型OPT，不仅允许OPT被用于非商业用途，还发布了其代码以及记录培训过程的相关日志，其开源的意愿和行为值得点赞。斯坦福大学的基础模型研究中心负责人Percy Liang曾评论："这是朝着开辟研究新机遇迈出的令人兴奋的一步。一般而言，我们认为更强的开放能够使研究人员得以解决更深层次的问题。"另外，苹果公司也在AIGC领域支持开源工作。例如，苹果在macOS 13.1和iOS 16.2中发布了针对Stable Diffusion的Core ML优化，并通过一个代码库对部署过程进行了详细讲解。在三款苹果设备（M1 iPad Pro 8GB、M1 MacBook Pro 16GB、M2 MacBook Air 8GB）上的测试结果表明，苹果推出的相关优化基本可以保证最新版Stable Diffusion（SD 2.0）在半分钟内生成一张分辨率为512像素×512像素的图像。对于苹果的这一举动，不少人感叹"一个开源社区构建的模型已经优秀到可以让大公司主动采用，确实非常了不起"。同时，在用户终端上部署AIGC也可以使终端用户的隐私得到保护，因为这样一来，为模型输入的数据保留在用户自己的设备中，即使不连接互联网也可以使用这个模型。而且在本地部署模型可以减少服务器方面的成本。

当然，大模型在开源的同时，也需要注意效率和成本问题，目前主要体现在三个方面。

一是成本成为拦路虎。当前的大模型，暴力堆叠的问题较为严重。前面提到的 OPT 虽然开源，但是在算力成本上让中小开发者望而却步，究其原因还是算力成本太高，对模型做微调、二次开发都很困难。这也是当下一些模型希望将参数控制在几亿到几十亿之间的缘故，也就是将超大模型的各种能力拆分到参数相对更小的模型上，目前已有相关实践在单任务上证明了自身超越千亿参数模型的能力。

二是训练技术亟待提升。这个问题要求训练技术进一步创新，加快大模型推理速度、降低算力成本、减少能耗。比如 OPT 只需要 16 块英伟达 v100 的 GPU 就可以训练和部署完整模型的代码库。又如清华大学联合研究机构开发的双语大模型 GLM-130B，利用快速推理方法，实现了将模型压缩到可以在一台 A100 或 V100 服务器上进行单机推理。

三是亟须加快开源与云的融合。大模型的开发对创业公司来讲困难重重，除了算法之外，还有很多其他问题需要解决。一方面，在大模型开发过程中，数据准备、模型开发、训练调优以及部署，每个环节都不简单，并且各个环节对计算量和所需算力的要求各不相同，对算力基础设施有极高的灵活性要求。另一方面，训练和推理阶段要兼容不同类型的芯片，还要考虑到与各式各样业务的整合交付。Stable Diffusion 在其 2.0 版本发布的时候，就同步宣布了与 AWS 的合作，两者的结合可以帮助开发者更快地完成数据准备工作，并大规模地构建、训练、部署高质量机器学习模型，同时可以把模型开放给更多学生、研究人员和创业公司等。AIGC 和云计算企业的结合，还可以减少训练时间和成本。需求方只需要在接入 AIGC 服务的时候承担一定的费用，就可以将 AIGC 引入自身的业务当中。

而且"云+AIGC"的模型可以通过将图像类、视频类AIGC应用整合到解决方案当中来实现能力赋能，进一步提升云厂商的业务收入。

与此同时，国内开源的呼声也日渐高涨，很多专家认为只有进行开源，才能降低大模型的研究门槛，也只有开源才能促进与大模型相匹配的算力等基础设施的建设。但国内研发的大模型与国外还是存在一定的差距，例如国内的大模型原创力不足，追求模型大小的较多，但是对底层架构的创新不足，基本上都是以Transformer为基础进行研发的，而对奠基式架构的研究工作还有很大不足，国内更多处于追赶或者应用层面。在工程上达到百亿、千亿甚至万亿数量级的参数之后，研究人员需要在新的模型结构方面更深入地思考，而不是单纯地把模型做大。

第 7 章

AIGC 与商业化

人工智能虽然已经发展多年，但是其在诸多领域的应用更像是经过多年专业训练的"专科生"。大模型 AIGC 的发展和落地，更像是接受了通识教育的"研究生"开始发力，可拓展性更强。麦肯锡的一项调查发现，2022 年全球 50% 的公司都在尝试使用人工智能，而 2017 年这一比例仅为 20%。2022 年全年风险投资家向人工智能公司投入了超过 670 亿美元的资金，前 10 个月诞生的估值超过 10 亿美元的企业已经达到 28 家。

7.1 AIGC 商业化的 3 个阶段

随着全球经济进入下行周期，科技行业重点聚焦在人工智能商业化领域。尤其是后疫情时代，企业更加强调降本增效，人工智能技术将有望成为创造者和团队在增强自身创作能力时的首选工具。因此，部分专家认为越是经济低迷时期，AIGC 爆发的可能性越大，正如每次金融危机都会有娱乐性互联网公司出现一样。

同时，Gartner 发布的 2022 年新兴技术成熟度曲线梳理出 25 项值得关注的新兴技术。其中涉及人工智能的技术达到 5 项，包括自主系统（autonomic system）、因果 AI（causal AI）、基础模型（foundation model）、生成式设计 AI（generative design AI）和机器学习代码生成（machine learning code generation）。这些技术中与 AIGC 直接相关的主要有 3 项：一是基础模型，是基于 Transformer 架构的模型，例如大型语言模型，它体现了一种深度神经网络架构，可以基于上下文环境计算文本的数字表示，强调单词的序列；二是生成式设计 AI 或 AI 增强设计，它使用 AI、机器学习和自然语言处理技术自动生成和开发数字产品的用户流程、屏幕设计、内容和表示层代码；三是机器学习代码生成，它包括可插入专业开发人员集成开发环境（Integrated Development Environment，IDE）的云托管机器学习模型，IDE 是基于自然语言描述或部分代码片段提供建议代码的扩展。具体到 AIGC，其商业化未来预计将重点经历以下 3 个阶段。

感知冲击——尝鲜阶段

在感知冲击层面，用户通过 AIGC 获得简单、直接的感官刺激。这也是当前大量 AIGC 企业主要涉足的领域——聚焦听视觉层面的感知智能，包括 AIGC 绘画、制作视频、作曲等。从效率上讲，作为生产力工具，如果 AIGC 能把用户的效率提升 50% 以上，那么用户将无法离开它。可以预见的是，在未来相当长的一段时间内，AIGC 将辅助人们进行内容生产。

在这一阶段中，AIGC 的大部分技术尚未达到可以稳定投入实际生产环节的水平。在这个过程中，AIGC 不论是生成图片、视频还是音乐，已经不仅仅是对内容的创新与生成，同时也是对内容格式的生成。AIGC 提供了一种特定格式和媒介。比如 PDF 是一种媒介，短视频是一种媒介，这些媒介有特殊的格式，可以在不同的硬件和环境中以不同的形式进行展现，而用户可以通过提问的方式提供特定的信息。随着 AIGC 融入人们的工作与生活，这些媒介将实现打通和转换。比如，在驾驶的过程中可以通过语音来生成结果；在 PC 端可以通过图片生成结果；在手机端可以通过视频生成结果。因此，AIGC 生成的不仅仅是一种信息，其本质上是一种"编程手段"。

认知领悟——协助阶段

在认知领悟层面，AIGC 可以与对话、协作、创作等工作进一步融合。在这个阶段 AIGC 不仅仅是助手，更将成为虚实融合的重要载体，形成人机汇智的局面。这里面需要解决的一个问题就是 AIGC 当前生成的内容不可控。如何让 AIGC 生成的内容可控，人在这个过程中如何协作，以及如何让人工智能通过人的反馈来重新学习，这些将成为认知领悟阶段需要重点解决的问题。

其中，"模块分拆＋个性化推荐"将成为重要的创新模式。针对特定行业结构化、模块化的内容数据成为行业发展的关键。

新生态链——原创阶段

基于前两个阶段的积累和技术完善，AIGC 有望在特定领域形成生态链，并为整个行业提供高质量的完整解决方案。这一时期 AIGC 将能够真正完成独立创作内容的工作。目前大约 90% 的创作是由人来完成的，剩下的 10% 由机器辅助。未来，这个比例有可能完全反过来，大部分的创作都由机器来完成。在这样的方式下，所有的内容创作公司都可能要迎来革命的浪潮。AIGC 在各个领域将发挥重要作用。

当前，AIGC 主要应用于 C 端产品。大部分用户仅仅为了尝鲜和娱乐，他们还难以转化成付费用户。如果将 AIGC 用在 B 端让其辅助工作流程或者推动提升工作效率，那么有望打造出一个可持续的商业模式。仅仅依靠 AIGC 绘画，企业难以实现持续性盈利，同时由于相关领域的门槛较低，竞争将非常激烈。

从 ToB 的角度来看，需求和技术对商业模式都很重要，但需求才是关键。以人脸识别为例，即使人工智能没有出现，计算机视觉也可以用于人脸识别的场景，只不过人工智能技术的出现让人脸识别变得更加精准、高效。从 AIGC 所在的内容生成领域来看，本质上它还是一个创造性的行业。这也意味着和计算机视觉的工业需求相比，AIGC 的发展将有所不同，AIGC 更强调人为的推动，因此 AIGC 的商业模式更加不清晰了。

7.2 AI 领域的企业发展

随着模型规模和自然语言理解等技术的不断增强，非常多的专业创作和企业应用会发生巨大改变。未来，AIGC 将会有两个明显的发展路径：一方面是将人工智能融入现有产品中,将原来的解决方案效率提升数倍;另一方面则是通过新的人工智能技术创造出之前无法实现的新功能。总的来看,这两种发展路径的核心都是打破原有的产品价值链,通过技术的迭代使得新的机会出现。这也意味着未来可能出现平台级机会。

环顾四周的主流应用和业务可以发现,大部分只是实现了"销售语言",比如营销文案、邮件、客服服务,甚至是法律顾问等,这些都是基于语言和文字的表达,而且这些表达可以进一步转化成声音、图像、视频等形式。可以预见,这种模式将是移动互联网和云计算发展以来最具有颠覆性的创新之一。本节将参考移动互联网的发展历程来分析未来在人工智能领域会产生哪些类型的企业。

平台型企业

移动互联网时代,Android 和 iOS 操作系统实现了移动设备端操作系统的全面垄断,两者的市场占有率超过 98%,就目前而言其他平台基本没有任何超越或者颠覆的机会。在人工智能基础模型领域,虽然还没有出现类似的情况,但是 OpenAI、谷歌、Stability AI 等机构之间的竞争正在如火如荼地进行,同时大量创业公司跃跃欲试。与云计算时代类似,Github 网站几乎托管了超过一半的开源代码,未来也将出现类似的共享神经网络模型的社群。由于目前没有出现垄断企业,因此,机会对所有人来说都是平等的。

如图 7-1 所示,平台型企业可以提供多种大模型,为下游应用提供 API 和模型服务,而下游的应用公司只需要专注产品开发和上层算法。平台型企业的这种发展模式将吸引大量人工智能开发者和服务商汇聚到自己的生态中,从而构筑活跃的商业氛围。例如,GPT-3 的 API 接口让下游的应用公司可以不需要迁移学习直接将 AI 能力应用到自己的任务中,API 接口发布不到 1 年就吸引了约 300 家公司调用其 API。典型的"基础产品 + 云服务"通过 API 提供基础模型能力,将自身的人工智能能力经由大量下游企业嵌入各行各业的应用场景中，推动扩大产业价值，同时带动平台型企业自身的云服务、算法、技术解决方案的增长。

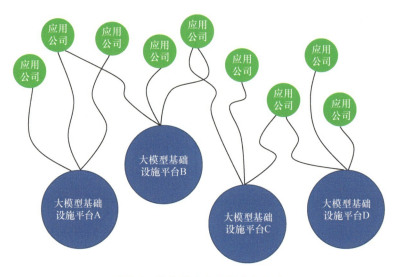

图 7-1　平台型企业赋能中小企业

目前平台型企业的商业模式发展有一定的规律，如图 7-2 所示。

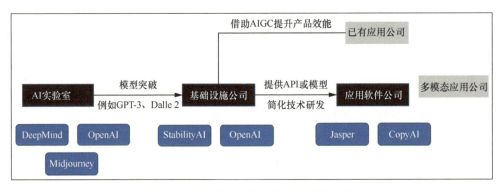

图 7-2　平台型企业商业模式的发展规律

首先是顶级的 AI 实验室研发出具有革命性的模型；然后实验室或者人工智能的科学家成立基础设施公司，依托模型提供 API 和对外服务；最后应用软件公司利用基础设施公司提供的 API，专注于打磨自己的专属应用、服务客户。

今天比较成功的技术巨头几乎都是先做一个成功的产品，然后将这个产品变成一项基础设施，进而孕育出新的创业公司。

这一规律从自然语言处理到图像、视频等模态反复出现。也就是说 Model as Service（模型即服务）不但是一种思路，而且已经实实在在地落地。以中国科学院自动化所的紫东太初大模型为例，该模型是依托中国科学院强大的技术突破力而缔造出的强大基础模型，目前它已经具备"以图生音""以音生图"等多模态生成能力，主要应用在产业场景，比如智能座舱、工业设计等领域[18]。

应用型企业

基于移动终端的定位、感知、相机等功能的成熟，移动电商等应用的出现促进了移动互联网应用生态的繁荣。而这些应用在离开智能手机之后也难以存在。目前随着大型语言模型服务或者 Transformer 模型的不断演进，一批新的应用将会诞生，包括文案创意、语音合成、视频合成等，这些应用涉及销售、创意、市场、消费者支持、医生、律师、程序开发等行业。若没有机器学习的突破，这些领域的创新将难以实现。同时，基于 AIGC 的开源模型，创业公司可以根据自身需求研发底层大模型并为其应用提供技术支持。

目前搜索领域已经有大量基于 AIGC 的垂直领域搜索产品。例如 Perplexity AI 就是一款基于人工智能大模型的搜索工具。如图 7-3 所示，Perplexity AI 基于 Open AI 的 GPT-3.5 底层模型以及必应网络搜索功能，针对用户输入的问题给出答案。也就是说用户在搜索框中输入问题，按回车键之后就可以得到 Perplexity AI 返回的答案。这个答案基于必应搜索得到的信息源以及底层大模型的能力生成，同时答案后面还会给出引用信息源的链接。未来通过自然语言就能够获得信

---

18 参见微信公众号"脑极体"发布的藏狐原创文章"2023，AIGC 能赚到钱吗？"。

息搜索结果的产品将越来越多。

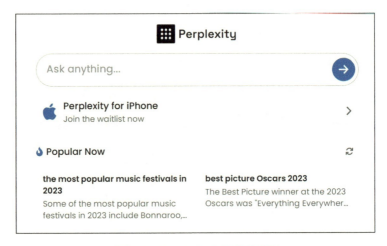

图 7-3 Perplexity AI 官网截图

这种方式对中小企业更为友好，因为并非所有企业都需要自己训练模型，同时难有一家企业通吃所有算法模型。大量创业公司可以在通用大模型的基础上探索新的商业模式和赢利机会，通过定制化服务和产品来满足市场需求。

现有产品的智能化

虽然互联网时代和移动互联网时代之间的区别明显，但是在大部分移动互联网时代有价值的业务的身后仍旧能够看到互联网时代巨头的身影。比如办公软件 Microsoft Office 并没有消失，而是推出了在线版。未来，人工智能的能力也将模块化内置到用户量较大的应用当中。在 Web 浏览器、即时通信软件、在线会议软件等领域，我们将有望看到整合了人工智能的成果，这些应用和产品将具备更高的智能化属性。例如微软公司将在 Office 套件中增加 DALL-E；Adobe 公司将生成式人工智能生成工具添加到软件当中。

以插件的形式进行普及是 AIGC 早期发展比较好的切入点。这种模式可以克服用户数据和模型质量方面的不足,实现吸引用户使用和获得足够数据以完善模型的双赢目标,后续再通过人工智能原生应用来替换现有的应用。这个过程需要一定的时间,但通过用户黏性、数据和模型性能之间形成的飞轮效应,将推动AIGC 产生可持续的竞争优势。

目前,微软公司推出的人工智能作图软件 Microsoft Designer 搭载了 OpenAI 开发的 AIGC 工具 DALL-E 2。如图 7-4 所示,只要输入文字,Microsoft Designer 就会自动为用户生成图像。此外,微软公司正在加快 OpenAI 的商业化推进工作,将把 ChatGPT 整合进微软公司旗下的全部软件,例如 Bing、Microsoft Office 等,为用户带来更加高效的交互体验。另外,微软公司还将提供 AI 云服务 Azure OpenAI,允许开发者在 OpenAI 的模型基础上搭建自己的应用,从而加速人工智能技术的商业化落地。

图 7-4 Microsoft Designer 官网截图

未来，越来越多的 AIGC 功能将与现有应用或者平台进行深度整合和嵌入。AIGC 绘画、特效等都将有望整合到短视频创作、直播娱乐、直播带货等场景中。同时，人工智能原生应用将超出我们的想象，因此尽情打开想象力，最有趣的应用形态还在等待我们去发掘。

7.3 当下典型的 AIGC 变现手段

当前 AIGC 的应用多为场景式，而且大部分产品仍然处于免费试用阶段，收费的模式都较少。同时大多数产品还是轻量级工具，不具备更大、更丰富的内容场景。能否在互联网流量相对稳定的前提下有效触达更多用户，达到较好的活跃度将是巨大的挑战。接下来简单介绍一下已知的几种收费模式。

按照计算量收费

按照计算量收费的模式是指，以算法模型作为底层平台，允许其他产品接入并对外开放，按照数据请求量和实际计算量来收费。例如，GPT-3 可以对外提供 API 接口，而模型不同，按量收费的模式也不同。2023 年 2 月初，ChatGPT 对外推出了包月订阅版本 ChatGPT Plus，收费标准为每月 20 美元。仅仅一个月后（2023 年 3 月 2 日），OpenAI 宣布开放 ChatGPT 模型接口，用户可以将 ChatGPT 集成到相关应用程序中进行调用。ChatGPT 的 API 的收费标准调整为每输出 100 万个单词收取 1.5 美元。新的付费方案将 ChatGPT 的使用成本大幅降低。

按照输出图像数量收费

按照输出图像数量收费模式主要是指，将 AIGC 系统的输出，如生成的图像、视频或者文本出售给用户。目前 AIGC 典型的应用（比如 DALL-E 等）主要按照生成平台产生的图像数量进行收费。同时，一些创业公司也在探索按照输出图像数量进行收费的模式。例如一款名为 Avatar AI 的应用（参见图 7-5）的使用费为 40 美元。用户上传几十张照片之后，该应用将会产出 100 张 AIGC 生成的用户头像，供用户选择和使用。同类型的还有 Astria、AIProfile Picture 等服务，它们都可以为用户生成一系列 AIGC 头像，以便在社交媒体中使用。

图 7-5　Avatar AI 官网截图

软件按月付费

采用软件按月付费模式的前提在于，创建出利用 AIGC 系统功能的新产品或者服务，并且能够直接销售给用户，或者以订阅服务的形式提供 AIGC 服务，客户可以使用 AIGC 来生成内容。AIGC 应用以软件形式对外销售，例如个性化营销文本协作工具 AX Semantics 以 1900 元 / 月的价格对外销售。目前大部分 C 端 AIGC 工具以 80 元 / 月的价格对外销售。

模型训练费

模型训练费模式是指将 AIGC 技术授权给其他公司或者组织，用来改进其产品或服务。AIGC 模型的训练需要大量的数据和算力资源，成本较高。Stability AI 为了训练 Stable Diffusion 模型，在亚马逊云服务中运行了超过 4000 个 A100 GPU 集群，成本达数千万美元。针对个性化需求或者特定领域，AIGC 模型公司可以对模型进行针对训练，从而收取模型训练费。

另外，如果能够通过去中心化方式发行 Token 以激励用户提供训练模型所需要的数据，就可以解决 AIGC 生成中版权的问题。同时，通过发行 Token 的方式，可以激励用户提供训练模型所需要的大量算力，分散算力成本，实现成本共担、利益共享。

当前 AIGC 应用和模型创新你追我赶，但是要想从小众需求变成大众需求，需要进一步提升 AIGC 的商业化空间，涉及开发者、服务商、云计算厂商、科研机构等产业链将 AIGC 纳入工作当中。目前 AIGC 的产业集中度还不足，应用场景单一，既需要基础模型来教育市场、构建典型案例，也需要开发者释放创意，挖掘更多的 AIGC 应用场景。

7.4 AIGC 商业模式的困境

AIGC Inside 的商业化并不容易

我们不应过度乐观 AIGC 的商业化过程，商业化需要厘清需求，逐步建立好商业模式。要避免拿着技术找需求，如同拿着锤子找钉子一样，出现叫好不叫座的尴尬。

以机器人领域知名的波士顿动力为例，其机器人产品是业界的标杆，每一次的创新都会在国内外引发轰动，并且该机构拥有至少 70 篇机器人相关的专利文献，以及大量的美国国防部订单。但是在产品大放异彩的同时，波士顿动力并没有获得赚钱的能力，亏损不断，并且面临多次被出售的境遇。这种有技术能力，没有变现能力的现象，在人工智能产业经常发生。因此，如何让一项技术从实验室走向商场货架，考验的不仅仅是技术本身。AIGC 目前已经在一些行业中涌现，应让 AIGC 融入普通人的生活，如同"Intel Inside"一样，才能构建起"AIGC Inside"的产业。

难以建立技术壁垒

AIGC 从进入大众视野就和开源结合在一起，这在之前的技术发展过程中较为少见。其他已经进入开源相对成熟期的行业主要有以下特点：一是市场教育成本低，行业已经有了较为稳定的商业模式和客户数量；二是 ToB 领域居多，认知盲区小，企业客户普遍具有更理性的决策能力。开源者往往具有较高的技术能力和技术壁垒，想要把"蛋糕"做大，就需要用一定的技术成果来换取繁荣的生态。这既是对生态建设的考虑，也是对于企业自身能力和影响力建设的判断。

但是，针对 AIGC 的发展，市场教育方面还有很大的不足，整个行业仍在探索的过程中。甚至可以说，作为一个具备较强 C 端价值的领域，开源可能在一定程度上造成 AIGC 绘画在商业模式方面的混乱。正是因为技术壁垒越来越低，所以投机者可以用很低的成本来追逐"风口"，导致我们难以评估 AIGC 的合理定价。

同时，那些直接用开源模型进行创业的机构，由于没有自己的算法和算力，很难形成自己的技术壁垒。因此，如果希望通过 AIGC 从一款单点的工具进化为能够在该领域独立生存的公司并产生持续的现金流，就需要企业在某些领域有自己独特的数据。另外，提供的产品或者服务是巨头不具备的 API，这样的企业才有可能具备独特性。

探索自主的大模型及应用

在全球市场中，中文和中国元素是必不可少的，甚至会随着 AIGC 的创新而诞生更多的展现机会。同时，中国的内容产业规模庞大，领域众多。仅网络文学市场用户就超过 5 亿人，国漫产业市场规模超过千亿元，还有市场规模破万亿元的中国广告行业、市场规模达 3 万亿元的中国传媒行业等。当前随着数字经济与实体经济融合，AIGC 发展的前置条件基本具备，必将快速带动相关产业发展。

但是，当前大量的 AIGC 模型来自海外，这就导致这些模型很难准确地理解中国的语言和文化。另外，即使一些已经发布的模型，大多也是基于海外模型，例如国内某家游戏公司发布的 AIGC 绘画模型就是基于 Stable Diffusion 的底层模型。同时，国内的中文大模型缺少高质量的语料数据，导致中文版人工智能大模型难以与海外平台媲美。国内用户在使用海外的大模型平台的过程中遇到很多挑战，尤其是用户在使用提示词的时候需要将中文转化为英文，然后让模型进行图像生成，这里面会暴露出一些问题。

一方面模型不能够充分理解中文的语义和描述，导致生成的画面不够准确，甚至南辕北辙。例如中文的"佛跳墙"是一道菜，但是在翻译成英文后生成的图像基本跟这道久负盛名的菜肴没有一点关系。另一方面模型不能理解中国的应用场景，比如中国的水墨画、中国传统文化等具有鲜明的中国特色，这让 AIGC 更多地停留在单纯的拼接绘画阶段，难以融入国内的特有场景和特色文化中。

第 8 章

AIGC 的典型应用

创造力曾被认为是少数幸运儿所拥有的天赋,但随着深度学习的爆发,协助创作者提升创作效率已经成为可能。目前来看,AIGC 已经被广泛应用在文字、图像、视频和代码的生成工作中,涉及工业设计、动漫设计、摄影艺术、游戏制作等诸多场景,并能够激发设计者的创作灵感,提升内容生产效率。

一些较早创立的企业已经实现了一定程度的商业化。尤其是在一些重复性比较高的任务、对精度要求不高的领域,AIGC 的应用普及程度较高。如图 8-1 所示,随着 AIGC 技术的不断完善,适用的领域将逐步扩展。未来 AIGC 服务有望通过 SaaS 化的形式实现变现。

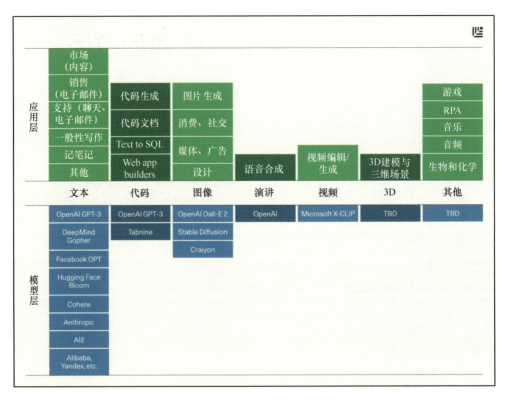

图 8-1　AIGC 的典型应用领域与相关机构(图片来源:
"Generative AI: A Creative New World" 一文)

8.1 文字创作

通过 AIGC 来生成文字产品，已经有很多应用案例。从早期的使用 Office Word 来实现对错误内容的提示和修正，到后来利用 NLG（Nature language Generation）自动化文本生成等都可以算作 AIGC 应用的早期范畴。例如，我们看到的一些足球/篮球比赛的报道、天气预报、新闻、对话机器人等都有利用人工智能生成内容的身影。随着 2022 年 AIGC 正式进入大众视野，以及 ChatGPT 引发全球关注和讨论热潮，文字创作也再次成为人工智能生成内容的主阵地。

主要特点

目前，业内一些研究机构把文字创作分为非交互式文本（结构化写作、非结构化写作、辅助性写作）和交互式文本（闲聊机器人、文本交互游戏等）两个大类，如表 8-1 所示。

表 8-1　AIGC 文本生成分类与特点

文本生成	非交互式文本	结构化写作	新闻报道、天气预报等，此类内容有较强的规律性
		非结构化写作	营销文案和邮件、剧情续写等，此类内容需要一定创意和个性化
		辅助性写作	内容推荐、纠错、润色等
	交互式文本	闲聊机器人	心理咨询、系统信息提醒等
		文本交互游戏	非玩家角色（Non-Player Character，NPC）

在文本生成领域，非交互式文本中的结构化写作成熟度较高，目前已经在

很多领域应用。此类结构化写作主要是基于结构化数据或者规范格式，可以在特定场景下生成文本，如体育比赛的报道、天气预报、公司财报等。尤其是 GPT-3 的出现，在问答、摘要、翻译甚至续写方面均展现出了较强的能力，依托大模型作为底层工具，文本生成领域的商业变现能力也逐渐清晰。美国众议员杰克·奥金克洛斯在发表演讲讨论创建"美国－以色列人工智能中心法案"时，就利用 AIGC 来撰写讲稿，自己再加以润色，最终有了 AIGC 代笔的讲稿首次在美国国会被宣读的历史瞬间[19]。有专家曾经预测，到 2030 年将会有 90% 以上的新闻会由人工智能来完成。

在非结构化写作领域，主要是针对个性化需求，在营销方面会有较大突破。但非结构化领域对文本开放度和自由度要求更高、更具个性化，对人工智能生成技术要求也更高。因此在小说续写、文章生成等方面，生成的文字内部仍然缺少逻辑性，稳定性也不足，难以直接进行使用。另外，文字中的情感和语言表达也是难以短期复刻的。因此，短期来看，非结构化写作领域更适合在垂直赛道进行探索，基于特定领域的训练数据进行场景落地可能是一个比较好的选择。另外，在交互式文本方面，闲聊机器人发展速度较快，未来有望延伸出虚拟伴侣、游戏里的 NPC 等个性化服务，线上智能社交有望成为一种常态。

典型应用

目前文字创作类的 AIGC 企业较多，已有多家企业获得大量融资，且发展良好。

2022 年 11 月底，OpenAI 发布了对话式人工智能 ChatGPT，ChatGPT 最大的特点在于能够"理解"对话者的语义，并进行有效、连续的反馈。ChatGPT

---

19 参见雷科技发布的文章"一夜之间，AIGC 成了所有打工人的'天敌'"。

在文本生成领域可以达到"以假乱真"的效果，甚至还可以写故事、作诗、编程，生成内容能力空前提高。正是基于对文本内容的深入理解和反馈，用户甚至将 ChatGPT 当作搜索引擎一样使用。例如，在询问光线光缆行业情况的时候，ChatGPT 会直接根据训练时的大数据集给出合理的答案，并在用户的追问过程中持续回复。而传统搜索引擎则需要按照关键字去寻找合适的资料并进行整理，因此在实际体验中，从 ChatGPT 获取信息的质量要高于搜索引擎，速度也会更快。

Jasper 成立于 2021 年，是一家知名的人工智能内容平台公司。Jasper 从 2021 年上半年在互联网发布的数十亿篇文章、视频等内容中学习而成。如图 8-2 所示，Jasper 可以通过文字生成功能，为用户制作 Instagram 标题、编写 TikTok 视频脚本、广告营销文案、电子邮件内容等，甚至可以进行多轮对话，并记得之前的聊天内容。Jasper 包含 GPT3、NeoX 等多个模型，并在这些模型的基础上量身定制界面和原始工作流程，使人工智能更易于日常使用。通过使用 Jasper，用户可以寻找创作思路、高效完成文案创作，有网友甚至调侃 Jasper 比较擅长"长篇大论"。

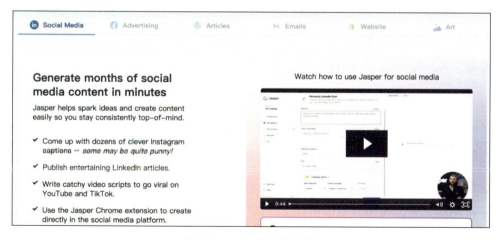

图 8-2　Jasper 官网截图

Jasper 允许个人或者团队利用人工智能来进行创作，并实现商业化。2022 年 10 月，Jasper.ai 宣布完成 1.25 亿美元的 A 轮融资，估值达到 15 亿美元，而 Jasper AI 从产品上线到 A 轮融资仅十几个月的时间。目前 Jasper 拥有超过 7 万名客户，包括 Airbnb、IBM 等知名企业客户，但是中小企业和个人用户仍然居多。仅 2021 年就创造了 4000 万美元的收入，2022 年预计收入将达到 9000 万美元。

Otherside AI 是一家主要利用人工智能自动回复邮件的公司。Otherside AI 的操作非常简单，只要输入邮件内容的关键要点，它就可以为生成一封完整的邮件。Copy.ai 则是一个通过 AI 来编写广告文案和营销文案的创业公司，它可以帮助用户在几秒内生成高质量的广告文案和营销文案，主打 ToB 商业场景，它的底层技术也是采用 OpenAI 的 GPT-3 系统。此外，还有 Lavender 专门聚焦在销售电子邮件，Surfer 聚焦在生成针对 SEO 优化的博客文章等。

腾讯 AI Lab 发布了智能创作助手文涌（Effidit）的 2.0 版本（如图 8-3 所示），可以实现文本续写、智能纠错、文本润色、超级网典等功能，帮助创作者在创作的过程中开阔思路、提升文本质量。同时，文涌还支持 PC 端与手机端，在搜狗输入法和 QQ 浏览器中都可以体验。

随着时间的推移，未来的模型会越来越好，我们应该期待能够看到更高质量的输出、更多垂直领域深度内容的产生。比如法律合同撰写会产生不同的 AIGC 模型，并在各个特定领域里发挥重要作用。

如图 8-4 所示，Spellbook 就是一款基于 GPT-3 的合同审查和修改工具，该产品的主要定位是法律合同助手，以插件的形式集成到 Word 文档里，可以支持自动生成合同条款、总结合同内容、解释合同条款和术语以及谈判要点等功能。这也符合模型即服务的特点，即基于底层大模型，然后聚焦不同垂直场景的数据进行优化，从而给用户带来更好的体验。未来，技术只有服务于具体场景和人群，才能带来长久的价值。

图 8-3　通过手机端浏览器体验 Effidit

图 8-4　Spellbook 官网截图

另外，用户需要的个性化网页和电子邮件内容，可以成为营销策略的一部分，这些文案往往形式简单并且有固定的模板，未来将有望大力推动自动化和智能化解决方案的落地。当然，需要指出的是，使用 AIGC 生成诸如《百年孤独》这样的经典巨著，短期内并不现实，这也不是 AIGC 应用的初衷。

当然，这些应用也需要迅速建立起自己的行业壁垒，围绕这一领域的竞争对手越来越多。而且大部分公司使用的算法相差无几，几乎都是 GPT-3 的变体[20]。

8.2 音频生成

生成音频其实在我们的生活中已经在广泛使用，比较典型的是手机语音导航，用户可以切换不同的明星甚至卡通人物的语音提示，例如让林志玲、郭德纲、沈腾的语音为我们导航。这个过程其实是邀请明星提前朗读完成一个语音库，之后通过反复训练学习，使系统可以模拟这些明星的声音说出导航的语句。同样的，我们也可以通过导航软件录制自己或者家人的语音导航包。另外，在短视频内容配音、游戏配乐等领域的应用，可以有效降低采购成本。

主要特点

在 TTS（Text-to-Speech）领域，技术成熟度较高。语音客服、有声读物制作等方面也得到了快速普及。目前的短视频制作领域，TTS 已经能够基于文字自动生成解说配音，甚至还能够生成不同方言、不同音色的配音。当然，这些领域还有一些挑战，比如如何把文本的真实感情、深层次的语义通过语音表达出来，其

---

20 参见红杉汇发布的文章"生成式 AI 将如何改变我们的未来？"。

中的抑扬顿挫怎么表现得更加淋漓尽致，还需要进一步打磨。同时，对于电影等要求比较高的领域，如何让合成的音频听起来不那么机械，生成具备人类水准的语音还有一定的难度。

如表 8-2 所示，在音乐创作领域，AIGC 逐步细分为作词、作曲、编曲、录制、混音等多个不同方向。人工智能进行音乐创作的过程主要还是依托 Transformer 模型，先将音乐数据转换为可以识别的编码文本，之后训练出能够自动生成编码数据的模型，最后将生成的编码结果转化为音乐数据。

表 8-2 AIGC 在音频生成领域的分类与特点

音频生成	功能性音频	语音克隆	导航软件、配音等
		文本生成特定语音	音频合成等
	音乐创作	音乐生成	作曲、编曲、配乐等

2021 年，人工智能谱写完成的贝多芬《第十交响曲》在波恩首次上演，引发关注。在编曲方面，AIGC 可以根据创作者的个人偏好进行编曲，从而生成不同乐器的和弦，例如鼓、钢琴、贝斯等。

典型应用

目前国内外已经有一些研究机构和企业在音乐创作方面进行尝试。例如，中央音乐学院人工智能系教授李子晋通过 Transformer 模型训练 1700 多首古典钢琴曲，Attention 机制更好地帮助音乐家根据自己的审美把握主题。整个过程把人工智能创造音乐主要分为 3 个部分。首先是音乐，音乐包括乐谱、音频、文字等各类数据，人工智能创造音乐最基础的工作就是数据构建。这些数据如何与计算相连接，其中涉及专家知识等支持和协助。其次是计算，涉及理解和分析，除了专家知识的加入之外，还依赖于听觉主观心理学，声音要依赖专业技术人员的翻译,才能打上标签。最后是创造力,创造力是在分析理解的基础上,要考虑数据与理解之间的逻辑关系,而不是凭空想象的。此外设计方法的介入,有望成为将创造力展现给公众的较好途径。

如图 8-5 所示,通过人工智能算法进行作曲、编曲、歌唱、混音,能够在 23 秒内快速创造一首歌曲,并且可以达到一般作曲家的创作水平。

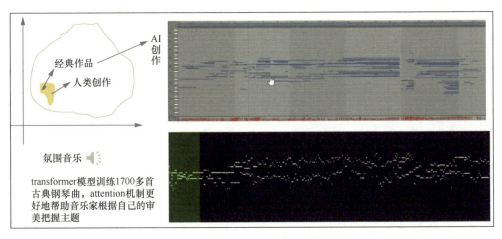

图 8-5　中央音乐学院 AIGC 生成音频示意图(来源:《艺术家与 AI 研究者的跨界碰撞 | 记青源 Workshop「AI+ 艺术」研讨会(2022 年第 10 期)》)

同时,在音乐数据方面也构建了用于计算音乐学研究的大型音乐数据分享平台,其中包括用于 MIR 研究的多功能音乐数据库、中国传统乐器音响数据库、流行歌曲 midi-wav 双向数据库等,每个数据库又有多个数据集。基于这些数据,研究人员进行了很多数据库衍生相关的研究,在乐器分类方面有《基于卷积循环神经网络的复音音乐中国民族乐器检测》,在演奏技巧的识别方面有《用于琵琶指法自动识别的网络图特征》,在音色空间研究方面,有《基于主观感知得分与客观音频特征的中国民族乐器音色相似性的研究》等[21]。

21　参见 CSDN 网站上由"智源社区"发布的文章"艺术家与 AI 研究者的跨界碰撞"。

除了中央音乐学院的尝试外，国内的游戏平台昆仑万维也推出了自己的模型——天宫乐府（SkyMusic），该模型成为国内首个商用级别的人工智能作曲模型，这也让昆仑万维成为国内唯一一家被传统音乐版权代理机构接收商用人工智能音乐的公司。

在海外也有企业开展生成音频的探索。Podcast.ai 是一个人工智能生成播客，每周都会对一个话题进行深入探讨。如图 8-6 所示，Podcast.ai 通过乔布斯的传记以及在网络上搜集到的乔布斯录音，利用大规模语言模型进行训练后，生成了一段时长约 20 分钟的虚构的乔布斯接受美国知名主持人采访的内容，并获得广泛关注。在这段杜撰的播客中，乔布斯谈论了自己的大学时代，并发表了一些观点，整个播客听起来毫无违和感，足以做到以假乱真的地步。而 Podcast.ai 采用的语音模型就来自 Play.ht。Play.ht 在 2022 年 9 月发布了第一个语音模型 Peregrine，包含数千种说话的声音，可以学习人类的语气、音调和笑声。

图 8-6　Podcast.ai 官网截图

与此同时，一款 Riffusion 的人工智能生成音乐应用也在网络上引发关注，用户输入提示词就可以获得一段对应的音乐。而且研发人员没有对 Stable Diffusion

的算法本身进行任何修改，只是单纯用了一个带标签的声谱图数据集进行个性化训练，效果引发广泛关注。

类似的还有 Soundful（参见图 8-7）、Boomy（参见图 8-8）等人工智能应用程序生成整首歌曲。Endel 可以使用人工智能创建个性化的背景音乐，让用户集中注意力或者放松等。Melobytes 甚至允许用户转换音频文件，成为一名说唱歌手。

图 8-7　Soundful 官网截图

图 8-8　Boomy 官网截图

在挑战方面，AIGC 的音乐创作过程虽然不复杂，但是由于音乐的相关数据量较大，因此需要对乐曲的段落、调性等高纬度的乐理知识进行专业提取，仍具有一定的门槛。

8.3 视频生成

主要特点

AIGC 生成视频其实非常值得期待，这将有望打开电影、游戏、虚拟现实、建筑和实体物品设计等创意市场。目前已经有科技公司正在尝试这个领域。从技术上看，视频是把多张图片有逻辑地、连贯地组合在一起。由文字生成视频，首先要生成多张图片，然后还要把这些图片有逻辑地、连贯地组合起来，因此难度要比 AIGC 绘画高出不少。也正因为如此，AIGC 生成视频也有更大的想象空间，一旦效率达到 AIGC 绘画的水平，并且能够保证较高的视频品质，将会对短视频、影视、广告等内容生产行业带来较大的影响，不仅可以提升视频的制作效率和成本，还能帮助设计师产生更多灵感和创意，让视频内容更丰富。

对于创作者来说，人工智能为艺术家和设计师打造了更好的辅助工具，将 AIGC 更好地融入他们的工作流程。例如针对特定行业特定领域的工具，在 AIGC 的融入下，结合本地辅助工具，可以帮助设计师更好地完成工作。

典型应用

在 AIGC 生成视频方面，大量企业和机构已经开始布局和尝试。如图 8-9 所示，2022 年 10 月 20 日，人民日报客户端在腾讯视频号上发布了一条《未来中国什么样？AI 为你画出来》的视频，里面的视频内容就得到了 AIGC 绘画技术的支持。整个视频通过对重要会议的关键词进行梳理，通过 AIGC 生成视频画面的方式展现出来，可以让用户更加深入地理解重要会议的内涵，并且提升了接受度和传播力。人民日报客户端也成为国内主流媒体较早尝试 AIGC 在视频领域的制作和尝试的机构。

图 8-9　人民日报客户端 AIGC 生成视频类截图

2022 年，Meta 公司公布了 AI 制作视频工具 Make-A-Video。Make-A-Video 具有文字转视频、图片转视频、视频生成视频三种功能。谷歌也推出了 AIGC 视频生成模型 Phenaki，能够根据文本内容生成可变的长视频。如图 8-10 所示，在公布的样例中，Phenaki 可以基于几百个单词组成一段前后逻辑连贯的视频，整个过程只需要两分钟。

Runway 是一家 AIGC 视频编辑软件公司，例如在一张森林的照片中，用户可以在 Runway 的软件中输入一个简短的文字短语，之后就可以在森林里出现一个湖泊或者城堡（如图 8-11 所示）。Runway 专注于使用人工智能来增强视频的编辑能力和创造新的创作体验。目前 Runway 的主要客户是独立创意者，当然也有很多知名企业在使用，比如 New Balance 公司使用 Runway 来进行运动鞋的设计等。类似的还有 Opus，它可以将文本变为视频，如图 8-12 所示。

图 8-10　Phenaki 模型生成视频

图 8-11　Runway 生成视频截图

2022 年戛纳电影短片节把"最佳短片奖"颁给了 AI 作品《乌鸦》，作者在介绍这部作品的时候表示，《乌鸦》这部作品将真人舞蹈视频素材 Painted 输入 OpenAI 的 CLIP 模型，并结合描述词"荒凉风景中的乌鸦画"，最终将其转化为动画。

图 8-12　Opus 官网截图

　　AIGC 在视频领域的应用，让我们期待未来虚拟人也能够作为演员在影视剧中扮演不同的角色来提高内容产出的效率和多样性。国内的影视导演也将 AIGC 引入短剧设计与制作中。如图 8-13 所示，AIGC 可以有效激发影视剧本的创作灵感，推动数字人在影视剧本中扮演不同角色，在短剧中极大提升影视产品的后期制作质量，帮助影视作品实现文化与经济价值的最大化。例如，影视导演海辛分享了其公司把 AIGC 融入影视美术设计的尝试，工作流程大致为"Midjourney → Blender → UE 虚拟制片"。在极短的制片筹备过程中，AIGC 可以大幅度提高效率。

图 8-13　将 AIGC 融入影视拍摄

（图片来源："不明觉厉的 AI 绘画，对内容创作者来说有什么用？"一文）

但是需要指出的是，AIGC 生成视频还面临诸多挑战。一是高精度、高可控的视频生成技术仍然没有被破解，文本生成视频技术还需要进一步打磨。例如由于视频生成增加了时间上的维度，因此复杂性和难度成倍增加，可控性就变得十分重要。做样例视频问题不大，但是生成精准的商业素材其可控性还难以把握。二是大模型带来的数据偏见、推理速度、能耗以及模型交付等问题还没有得到有效解决，这些都将阻碍技术的进一步落地和普及。三是视频的一大特殊之处在于故事脚本，例如整个动作的演绎需要更复杂的多模态序列，如何在整个故事情节上进行数学表达、数学建模，仍需要进一步探讨。

8.4　3D 模型生成

主要特点

3D 模型对于设计、创造类工作非常重要。传统的 3D 建模需要利用三维制作软件，通过虚拟三维空间构建出具有三维数据的模型，技术要求比较高，还需要懂美术、熟悉各种 3DMAX 软件，因此时间成本、人力成本较高。随着神经辐射场技术（Neural Radiance Field，NeRF）的出现，可以把全景相机拍摄的视频自动渲染成 3D 场景，从而减少了人工 3D 建模的过程。NeRF 技术在 2020 年欧洲计算机视觉国际会议提出，2021 年获得了美国计算机协会荣誉提名奖。

典型应用

目前中科院已经发布了最新的 Text-to-3D 模型——3DDesigner，主要结合 NeRF 和扩散模型。用户可以通过文字来生成 3D 模型，同时还可以根据文字引导对已有的 3D 模型进行局部改变,保证改变后的模型与原来的风格保持一致。浙江大学发布了神经渲染模型 ELICIT,针对任务的渲染有了突破进展,只需要一张任务图片作为参考,就可以渲染出高精度的 3D 模型。

OpenAI 发布了开源的 3D 模型生成器——Point-E,可以实现在单块英伟达 V100GPU 上用 1~2 分钟生成 3D 模型,相比过去数小时的生成时间,速度提升了不少。英伟达也发布了最新的 text-to-3D 算法——Magic3D。如图 8-14 所示,用低分辨率生成的粗略模型再优化到更高的分辨率。用户只需输入文字,即可生产对应的 3D 物体。据称相比于之前该领域最强的算法 DreamFusion,生产速度提升到 2 倍,分辨率更是直接提高到 8 倍。

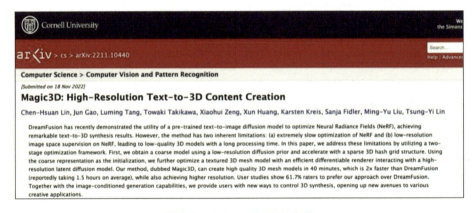

图 8-14　Magic3D 论文截图

LumaAI 是目前比较流行的一款 3D 扫描工具,用户只需要拿着手机对周围的物体扫描一圈之后,就可以生成光影效果非常逼真的 3D 模型,进行更有想象力的创作。目前已经有大量视频博主开始利用 LumaAI 进行创作。可以预见,这一成果落地后将给游戏和元宇宙世界提供制作海量 3D 模型的工具,而且让更多人都可以上手使用。

当然,3D 模型的生成还面临很多挑战。一方面是生成时间问题,另一方面是精确度问题。3D 内容越精确，需要的时间就越长。AIGC 在绘画领域之所以普及速度较快，与生成时间短到 2~3 秒密切相关。但当前 3D 内容生成普遍需要 10 分钟左右，这对想要嵌入创作体验的普通用户来说时间略长，难以将其融入创作工具当中。

8.5 编写代码

主要特点

代码编写其实是 AIGC 较早尝试的一个领域。它的工作方式是在大量代码库上训练模型，例如在 GitHub 中进行训练，然后在程序员编写代码的时候向他们提出建议。由于有较好的实用效果，因此获得大家的欢迎。

典型应用

2022 年，GitHub 和 OpenAI 合作，推出了名为 GitHub Copilot 的人工智能工具。如图 8-15 所示，Copilot 可以根据上下文自动补全代码，包括文档字符串、注释、函数名称、代码等，只要程序员给出一定的提示，人工智能工具就可以补全出完整的代码。官方介绍其已经接受了来自 GitHub 上公开可用存储库的数十亿行代码的训练，支持大多数编程语言。更为重要的是，AIGC 可以让普通消费者具备编程开发的能力。

相比于 Copilot，国内也有类似的研发，一款名为 CodeGeeX 的代码生成模型已经问世。如图 8-16 所示，CodeGeeX 是一个具有 130 亿参数的多编程语言代码生成模型，有 20 多种编程语言代码语料库，并且是在鹏城实验室的"鹏城云脑Ⅱ"平台上训练而成的。我们熟悉的 C++、Java、Python 等十多种主流编程语言都能够支持，并且具有较高的精度。用户可以通过输入自然语言或者代码片段，为模型指定任务，就可以让模型生成代码并实现相应的功能。此外，CodeGeeX还支持不同语言所编写的代码之间的相互翻译，输入一段代码之后，可以使用另一种语言写出功能相同的代码。

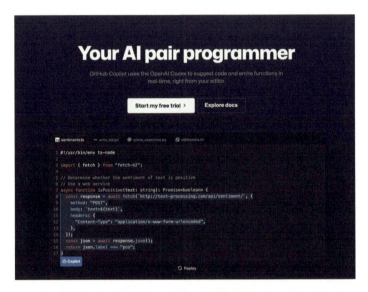

图 8-15　Copilot 官网截图

图 8-16　CodeGeeX 官网截图

CodeGeeX 另一个值得关注的点在于，整个训练过程是在鹏城实验室的国产计算平台上进行的训练，从而也验证了国产深度学习平台与工具的快速迭代能力和竞争力。目前 CodeGeeX 已经开发了应用插件，可以在实际的开发环境中通过注释生成代码或者做代码语言的翻译。让人工智能自动生成代码，不仅是让它在代码领域成为人类的得力助手，更证明了人工智能具有自主分析推理的能力，为进一步探索大模型认知的过程打下了基础。

需要指出的是，现阶段 AIGC 工具生成的代码在结构、准确度上还有很多问题，需要人工进行审查。从使用人群范围上看，对非专业开发者来说帮助更大。但对于专业开发者来讲，现阶段 AIGC 对生产力的提高仅仅在 1.5 倍左右，相比于把 C 语言切换到 Python 的 5~10 倍效率提升相比，还有一定差距。

8.6 游戏创作开发

主要特点

游戏是一种非常复杂的娱乐形式，不但具有互动性，而且非常强调实时体验，同时需要大量的资源来支持游戏的开发。以 *Red Dead Redemption* 为例，制作成本近 5 亿美元，花费近 8 年时间打造，拥有上千个角色，每个角色都有自己的个性、艺术作品和配音演员，玩家可以在近 30 平方英里（约为 77.7 平方千米）的世界，超过 100 个任务里进行游戏体验。整个游戏有 100 多位音乐家创作了近 60 小时的音乐。要知道，这还不是最庞大的游戏，*Microsoft Flight Simulator* 更加庞大，能够让玩家在整个地球上飞行。

那么微软是如何打造如此庞大的游戏呢？

很明显，这需要人工智能来完成，通过训练人工智能，从而将 2D 的卫星图像生成逼真的 3D 世界。如果没有人工智能的支持，构建这样庞大的游戏基本上不可能。

典型应用

1. 游戏里的 NPC

在游戏领域，我们可以根据不同的场景来设定非玩家角色（Non-Player Character，NPC）的对应话术。此前，NPC 的对话内容和剧情，需要人工创造脚本来进行设置，由制作人主观联想不同 NPC 所对应的语音、动作、逻辑等内容，因此创造的 NPC 个性化不足。随着 AIGC 的发展，智能 NPC 有望成为现实，智能 NPC 可以分析玩家的实时输入内容，并动态生成交互反应，所有 NPC 的回答都能够根据设置词语的提示实时生成，从而进一步丰富 NPC 的能力，构建几乎无限且不重复的剧情，增强玩家的用户体验并有效延长游戏的生命周期。

特别是在养成类游戏中，AIGC 提供的个性化生成可以带来画面、剧情的全面个性化游戏体验。如表 8-3 所示，实时剧情生成有望在特定框架内生成全新的玩法，增加游戏整体的黏性和叙事的可能性。目前智能 NPC 已经在《黑客帝国·觉醒》等游戏中广泛采用。2018 年成立的 rct AI 公司，目前正在开发智能 NPC，可以在游戏中实现具有智能意识的虚拟角色，它们的对话和行为不会重复，而且都是动态生成。这样一来，在游戏中智能 NPC 可以表现出不同的性格特征，从而优化玩家的体验。同时，在游戏中还可以部署大规模智能 NPC、智能留存及智能运营策略等。

表 8-3 智能 NPC 的主要分类与特点

智能 NPC	个性化	不重复对话、行为交互
	对抗式	战场题材中个性化对手
	互动式	探索游戏世界场景、技能训练、完成目标、休闲陪伴、协助建造等

2. AIGC 在游戏创作中的应用

AIGC 在游戏创作中也有较大用处,如表 8-4 所示。目前来看主要集中在两个方面。一方面用于游戏场景和故事场景的搭建。尤其是在开放世界类游戏中,非常受欢迎。玩家和制作方可以通过 AIGC 来创建场景和 NPC 都将会大幅降低成本,并有效提升效率和玩家的参与感。游戏开发周期长、成本高,通常在时间和资金上需要大量的投入,而 AIGC 有望提升游戏开发的效率。例如,游戏中的剧本、任务、头像、场景、道具、配音等都可以通过 AIGC 生成,从而加快开发速度。

表 8-4 AIGC 技术在游戏中的应用

序号	AIGC 技术	在游戏中的应用
1	AIGC 生成文字	剧情设计、游戏剧本、情节叙事
2	AIGC 生成图像	人物、头像、道具设计
3	AIGC 生成音频	人物配音、音效、音乐
4	AIGC 生成视频	游戏动画、人物动作、特效
5	AIGC 生成 3D 建模	任务 3D 模型、游戏场景、元宇宙场景
6	AIGC 生成代码	地图编辑器、游戏主程序

另一方面,玩家可以通过 AIGC 创建自己的虚拟人。目前海外一家叫作 Delysium 的游戏已经引入 AIGC 功能。如图 8-17 所示,在未来的开放游戏环境中,不同的玩家将应对不同的游戏剧情和副本,进一步增强游戏的可玩性。

与此同时,游戏及所构建的虚拟世界本质上是 3D 资产的集合,3D 资产是现代游戏以及即将到来的元宇宙的基石。但 3D 资产比创建 2D 图像更复杂,并且涉及多个步骤,包括创建 3D 模型和添加纹理效果。例如,Scenario 公司通过上传自己整理好的素材,就可以训练自己的专属人工智能生成器。如图 8-18 所示,Scenario 公司的产品利用简单的文字就可以大量生成游戏素材,帮助用户更容易地利用人工智能画出高质量的游戏美术素材。目前，Scenario 生成的结果包括游戏角色、图标、建筑、车辆等，可以保证风格的统一。Webaverse 公司下设多个开源软件组成的开放式元宇宙项目，Webaverse 团队目前正在基于该引擎打造一个开放式的元宇宙世界 Upstreet。在 Upstreet 虚拟世界中，游戏玩家可通过各种 AIGC 模型随机生成 2D 或 3D 资产，并在其提供的以太坊侧链上铸造成 NFT 以导入虚拟世界。

图 8-17　Delysium 官网截图

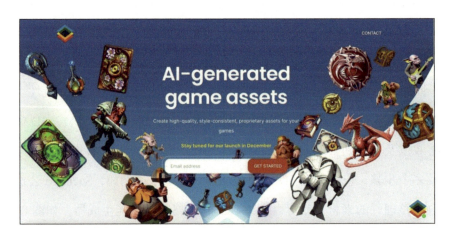

图 8-18　Scenario 官网截图

在研游戏 Cognition Method 也在使用 AIGC 生成技术协助开发工作，AIGC 对于游戏研发中概念原画的制作有较大帮助。设计师先设想另一个空间的类人型生物，在这一基础上设计师不断调整提示词，运用 Midjourney 生成结果，并从大量作品中筛选出满足需要的概念原图。当然，也有直接通过 AIGC 生成图像作为产品的。例如，日本一位游戏开发者利用 AIGC 生成了游戏美术素材，AIGC 为游戏创建了所有的飞行器和生物等角色。有游戏开发人员表示，通过使用 AIGC 技术，单个图像生成概念艺术的时间可以从 3 周减少到 1 小时。同时艺术家也没有被取代的危险，反而可以将大部分耗时且烦琐的工作交给 AIGC 来完成。

可以预见，未来 AIGC 在游戏领域会有很多潜在的可能。一是带来更多冒险精神和创造性探索。未来，AIGC 将让游戏开发进入新的"黄金时代"，较低的进入门槛将引发更多创新和创意游戏的爆发。不仅仅因为较低的制作成本，还会因为这些人工智能工具释放了更多、更广泛的创造力，例如创建更多游戏场景中的高质量内容的能力。二是微型游戏工作室或将兴起。AIGC 作为有利的辅助工具，将协助研发人员完成大量任务。未来我们将看到只有 1~2 名员工的"微型工作室"也能够制作出更多可行的商业化游戏，未来微型工作室可以创建的游戏的规模将会快速增长。三是发行的游戏数量快速增加。Roblox 的快速发展表明，提供强大的创意工具可以打造更多游戏。AIGC 将进一步降低门槛，创造出更多游戏。四是对于个人用户来讲，未来有望按照玩家的意愿来开展整改环境的自动生成。玩家能够掌握音乐、3D 资产和环境氛围，让消费者成为创作者，给他们创作自己消费的内容的能力。

8.7 绘画产品

AIGC 绘画在前面已经做了大量介绍，我们从应用的角度来看看已经在探索的商业模式有哪些。

典型绘画产品的 AIGC 应用

虽然 AIGC 绘画目前仍然有很大的争议,但是已经有人在开展商业化行动,开始尝试售卖 AIGC 绘画作品了。例如,一家名为 Art AI 的 AIGC 画廊,主要是展览并售卖取材于历史的大量艺术收藏品的 AIGC 绘画。如图 8-19 所示,他们利用算法,可以根据历史上众多的艺术藏品绘制出属于自己的作品,之后挑选出那些与过往艺术藏品相似度较高的作品,以确保生成的绘画作品是独一无二的。

图 8-19　Art AI 画廊官网截图

目前 Art AI 画廊里的作品价格是 600～2000 美元,并且销量还不错。同时,近期 OpenAI 已经与全球最大的版权图片供应商之一的 Shutterstock 达成深度合作,Shutterstock 将开始出售利用 OpenAI 的 DALL-E 生成的图片,并禁止销售非 DALL-E 生成的图片,完成深度独家绑定。这项合作不仅是一个传统行业的及时反应,实际上还意味着 AIGC 商业化变现的愿景(打造一个基于生成全新内容的平台）似乎正在开始落地。

另外，还有利用 AIGC 制作的系列漫画也已经对外公布。Campfire Entertainment 公司推出了人工智能漫画三部曲《动物寓言编年史》，这套漫画被一些媒体称作第一个用 AIGC 应用 Midjourney 完成的漫画作品，不仅有非常好的视觉效果，故事内容也非常老到。有媒体甚至评价"这些就像是出自一位经验丰富的作者之手"。

目前一些媒体机构已经用 AIGC 生成的绘画来作为杂志封面，甚至用来作为文章的插图。一些作家或者小说家也能够用人工智能作画来为自己的文章或者小说配图。如图 8-20 所示，《经济学人》（*The Economist*）前段时间就用 Midjourney 生成的图片做了杂志封面，AIGC 生成图片，还将进一步在各行业普及。

美国版 *Cosmopolitan* 杂志也已经使用 AIGC 工具 Midjourney 制作了一期封面（参见图 8-21）。

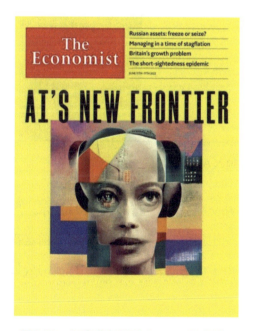

图 8-20　经济学人用 Midjourney 生成的图片作为杂志封面主图

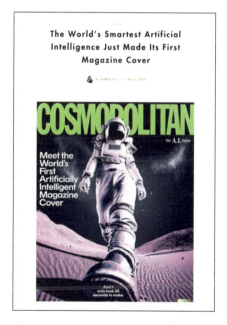

图 8-21　Cosmopolitan 官方网站截图

另外，斯坦福大学计算机科学系的博士生 Eric Zelikman 还利用 ChatGPT 和 DALL-2 进行儿童故事创作，ChatGPT 负责撰写儿童故事，DALL-E 2 负责将内容画出来，相当于两个人工智能创作了一个儿童绘本。

国内也陆续出现了 AI 绘画的产品，并获得大量关注。比如我们经常使用的腾讯会议，目前与视觉中国公司合作。如图 8-22 所示，在静态壁纸里，用户可以选择 AIGC 创作的图像，也就是说用户在使用腾讯会议开会的时候，可以把 AIGC 创作的图像作为自己的会议背景。

图 8-22　腾讯会议里加入 AIGC 功能

腾讯 QQ 也推出了"异次元的我"，在社交圈引发关注。如图 8-23 所示，用户可以上传自己的照片来进行 AIGC 创作，把原图进行"二次元化"。目前这款应用在海外也有较高的知名度，甚至出现由于使用的人过多而打出限流的公告信息。

国内的个人用户也在不断探索 AIGC 在不同领域的应用。例如，B 站成为 AIGC 应用的尝鲜地，用户对歌曲的每句歌词都配上了一幅画面，这些画面则是由 Midjourney 生成的。例如《七里香》《孤勇者》《加州旅馆》《波西米亚狂想曲》等热门歌曲，都被用户配以 AIGC 绘画，引发关注。一些商家在平台上出售 Discord Diffusion、Midjourney 绘画工具安装包和提示词，还有一些商家研发了提示词提取工具在电商平台售卖。在短视频平台上，还有大量教授如何使用 AIGC 生成壁纸的视频类"壁纸号"。

图 8-23　QQ 异次元的我 AIGC 应用

此外，AIGC 生成的不仅仅是数字物品，还可以与现实实体和世界产生跨越，用户可以将自己生成的作品变成现实世界中的物品。如图 8-24 所示，AIGC 绘画实体化已经开始落地，目前已经有卡牌游戏的卡片角色、拼图、实体墙绘彩绘素材、文创产品等。

图 8-24　AIGC 绘画实体产品（图片来源："不明觉厉的 AI 绘画，对内容创作者来说有什么用？"一文）

AIGC 绘画与 NFT 结合

　　传统的艺术市场是以画廊为起点，画廊把艺术品卖给博物馆或者收藏家，然后再流通到以拍卖行为中心的二级市场。但是这种传统市场已经被非同质化代币（Non-Fungible Token，NFT）的创新所打破，为数字资产的交易提供了一种革命性的方式，可以让 AIGC 的作品进行交易。

　　由于每个 NFT 都存储在区块链中，并由一个加密密钥保证，它不能被删除、复制或者销毁，不可替代性是 NFT 与其他区块链加密货币的最大区别。在传统的互联网中，复制对内容创作者构成极大的伤害，而 NFT 将稀缺性引入了在线环境，由于交易会在数字账本上被持久地跟踪，因此就能知道谁在什么时候进行了何种购买、花费了多少。AIGC 由于过程的随机性，不太可能重复生成内容，与 NFT 结合可以将内容生产的作者和内容本身绑定，也可以与内容的原始 IP 进行关联，尝试和探索的空间巨大。目前已经有多个创业团队投身其中。同时，NFT 允许世界上任何地方的创作者分享他们的艺术作品并获得报酬，并为创作者和收藏家拆除障碍，创造一个新的数字内容世界，使作品可以在全球各地进行交易。

8.8 建筑设计

将 AIGC 融入建筑设计

建筑师和人工智能共同完成建筑的设计工作，从分工的角度来看，建筑设计师提出设计要求和规范指引，工作进程更多地由人工智能来完成。在整个过程中，人工智能不仅加快了设计进度，还承担了大量过程中的工作。更重要的是，人工智能帮助建筑设计师从未曾涉足的角度拓宽了设计思维。

具体来看，让 AIGC 更多地介入建筑方案设计工作流程中，在方案构思、草图绘制、素材生成、动画输出等阶段都有人工智能参与。如图 8-25 所示，建筑师会先手绘一张草图，草图中包含了关键的信息，比如用任务定义整张图的全局比例关系，以免人工智能会生成完全不着边际的巨大建筑物。另外，设计师需要首先绘制出建筑物的基本体量关系，例如说明需要设计几栋楼等内容。

之后就可以让 AI 进行学习，并不断地生成黑白线稿、素描稿等，如图 8-26 所示。

图 8-25 设计草图[22]

图 8-26 AIGC 生成的初步设计图

---

22 参见微信公众号"青年建筑"发布的原创文章"设计师用 AI 生成建筑,甲方看完不淡定了! | 雨片街方案生成实践"。

在此基础上，设计师选择图 8-26 中右下角的图作为工作底图，进一步微调提示词，从而对工作底图的风格和材质进行控制。同时再根据不同的绘画风格来进行差异化尝试，如图 8-27 所示。

图 8-27　AIGC 绘图在设计师的筛选下进一步迭代 [22]

这样一来，这个融合多个建筑师风格的 AIGC 建筑绘画便体现出极大的作品多样性。很明显，通过设计师把握方向和调整路线，再辅以 AIGC 快速海量出图，可以极大地提升效率。

用 AIGC 实现装修设计

此外，AIGC 在房屋装修设计方面，也可以大显身手。对房子进行装修设计是很多买房用户的头等大事。传统的方式是请专业的设计师分析需求、确定风格、制作设计图。目前海外的一家创业公司 Interior 利用 Stable Diffusion，可以迅速在几秒内生成家具把房间填满，如图 8-28 所示。

图 8-28　Interior 官网截图

8.9　其他应用

DIY 设计

AIGC 的出现让用户的个性化需求和创意设想进一步得到释放，并且在实现的道路上更加顺畅。目前 AIGC 已经与创意设计的工作进行融合并开始探索商业模式。

GALA 是一个成立于 2016 年的时尚平台，专门为寻求将创意转化为有形产品的设计师打造。如图 8-29 和图 8-30 所示，GALA 和 AIGC 应用融合，提供定制化服务，设计人员无须直接输入提示词，而是在 25 个列表中选出基本样式，比如毛衣、衬衫或者手提包；然后设计师通过 AIGC 的两个提示词输入需要修改的样式，这两个提示词一个用来描述基于形容词和材料的设计，另一个用来描述所需要的装饰和特征，比如袖口或者拉链等。GALA 的工具是 OpenAI 的

DALL-E 提供的 API 接口实现的第一个实时、公开的第三方应用。

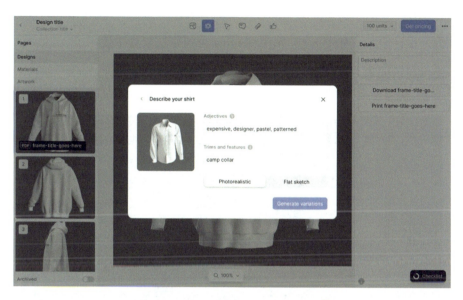

图 8-29　GALA 服装设计应用 AIGC[23]

图 8-30　GALA 服装设计应用 AIGC[23]

23　参见微信公众号"ScienceAI"发布的文章"AI 生成的时尚是 DIY 设计的下一波浪潮"。

同时，Stitch Fix 也是一家已经使用人工智能向客户推荐特定服装的服装公司，它正在试验 DALL-E 2 的功能，期望以后可以根据客户要求的颜色、面料和款式偏好设计服装。如图 8-31 所示，Figma 公司则在软件中使用了 AndorraAI 插件，使用提示词来生成渲染以及变体，从而实现鞋子的设计。

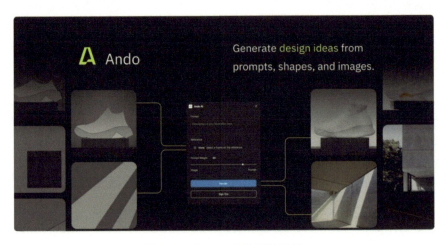

图 8-31　Figma 公司官网截图

目前，国内也有类似的应用，AVAR 主要是聚焦在人工智能生成 3D 数字服装潮玩方向，用户可以通过 AIGC 生成虚拟服饰，自主搭配款式，之后实时渲染到 3D 模型，从而可以制作出数字商品。整个过程可以分为设计、建模、材质、宣传等步骤。在设计上，AIGC 可以批量生成设计稿，量化分析艺术审美趋势。在 3D 建模上，NeRF 进行三维重建和生成，减少建模师的人力投入。在材质和渲染方面，AIGC 可以生成多种艺术风格。另外，还有用户基于 Stable Diffusion 进行美甲图案的设计和尝试，并获得了不错的效果。

同时，文身设计也开始利用 AIGC，英国伦敦的文身艺术家 Amy Smith 使用 DALL-E 进行设计文身，实现了一边与客户讨论，一边看文身作品。Tattoos AI 就在做类似的尝试（如图 8-32 所示）。

第8章 AIGC 的典型应用

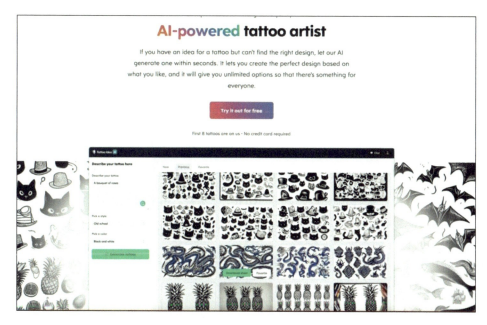

图 8-32 Tattoos AI 官网截图

AIGC 可以激发创作者的设计灵感，利用 AIGC 生成的概念图作为设计参考，包括婚庆设计、屋内设计、绘画设计、漫画设计等。在设计过程中，AIGC 主要担任的是生成初稿和启发灵感，帮助设计者发现可以用的初始素材，在成为最终作品前，还需要进一步细化和手工调整。

儿童创意实现

儿童的想象力丰富、创造力强，不过儿童的画作经常被成人认为天马行空、胡乱涂鸦，其中更多的是因为儿童身心还没有成长到可以对造型进行精准控制，儿童画作中的创意非常好，很多想法甚至是成年人难以达到的。利用 AIGC 可以把儿童的绘画创意进一步放大。例如，小朋友可以通过说出或者写出自己的创意，让 AIGC 生成图片或者影像，最终变成绘本或者故事书。再比如小朋友可以通过敲击音符或者哼唱一段音调作为起始，让 AIGC 帮助自己进行作曲，通过自然的互动，小朋友和人工智能可以共创很多有意思的成果。

内容营销

传统的内容营销一般采用标准化的方式或者由咨询公司进行调研描绘出消费者整体画像，在此基础上制作有效的内容营销模板。这种方式会遗漏掉部分长尾客户的需求，同时用户的个性化需求得不到响应，因此如何更精准更丰富地开展内容营销成为行业关注的重点。随着 AIGC 的发展，我们可以尝试将人工智能生成系统与客户数据系统、营销效果反馈系统的数据打通和深度挖掘，实时响应相关数据并调整生成需求，由人工智能快速迭代相关内容生成，从而提升个性化营销的效率和精准度。

可以发现，在内容营销方面，营销内容的快速更新迭代和个性化内容的生成是 AIGC 的优势。尤其是对于快消行业来讲，优化效率和个性化内容，可以通过内容更迭得到更高的价值提升。因此，在这里 AIGC 将不仅仅是工具，而是有望成为核心业务的重要组成部分，覆盖营销效果、数据反馈等部分，构建起"智能化营销洞察的智能平台体系"。

AIGC 的引入可以使广告创意从"推荐"分发个性化进入"生成"个性化，更加"千人千面"，可能会产生新的主流服务模式和计价模式。

诊疗与心灵慰藉

医疗领域的门槛较高，当前大部分 AIGC 企业由于专业领域的限制而难以发挥技术优势。但是通过 AIGC 手段和技术，医疗行业可以给病患带来更精准的干预和治疗。

在阿尔茨海默病治疗方面，传统的诊断方法是通过临床评估来判断，并且需要对患者进行较为长期的跟踪。相比之下，患者在早期的说话方式会有微妙变化，比如交流上变得迟疑不决，使用错误的语法或者突然忘词等。为此，德雷克赛尔大学的研究人员将 GPT-3 与神经学诊断联系起来，通过使用公开的阿尔茨海默病患者和正常人的语音记录数据集进行训练，从而让 GPT-3 来帮助医生识别出阿尔茨海默病患者语言上的细微差别。目前该项研究已经发表在 *PLOS Digital Health* 杂志上，相关研究表明，基于 GPT-3 的文本嵌入是一种很有前途的阿尔茨海默病评估方法，并有可能改善痴呆症的早期诊断[24]。

在心理治疗方面，利用虚拟人和 AIGC 技术来模仿心理治疗师或者医生助手，通过 AIGC 生成式对话与患者建立深层次的信任，之后通过个性化的沟通来达到治疗效果。清华大学黄民烈教授创办的聆心智能科技有限公司，沉淀了海量中文对话数据，并基于大模型在情绪支持、倾听陪伴等方面构建了特有的模型矿机，通过以生成式对话模型为核心，来进入心理健康领域。DeepScribe 公司的产品主要是记录医患的对话，并使用人工智能为电子健康记录生成结构化的报告。

---

24 参见文章"GPT-3 的下一个应用：语音诊断阿尔茨海默病"。

第 9 章

AIGC 的不足与挑战

9.1 技术与产业方面的不足与挑战

作为新的一种内容生产方式，AIGC 迅速崛起的底层原因是人们对内容的需求越来越旺盛。同时内容生产也需要相应的迭代升级，这让 AIGC 从辅助内容创作有望向直接创作演进，并胜任协作、绘画、作曲、设计等诸多创意类工作。AIGC 的出现如同当年马车时代出现汽车、工业时代出现互联网一样，势必会出现种种问题，这都需要一个曲折的接受和利用的过程。

目前，从技术和产业角度来看 AIGC 还面临很多挑战。首先，现有 AIGC 模型需要具备更高的可控性，这包括更精准的编辑能力，支持对细节的反复修改、打磨和迭代等。其次，进一步提升输出质量。最后，在满足自定义的同时，可以让成本可负担，实现批量化。目前已有的一些模型可以做出有针对性的微调，这对于 AIGC 技术应用于商业级创作工作流会带来更多帮助。

细节仍需打磨

需要长时间调整 AIGC 绘画生成的图像才能得到想要的作品。AIGC 绘画虽然在效率上有很大的提升，但是也面临很多细节问题。例如，AIGC 产生的图像往往缺乏主体性，就结构的细节部分而言，大多处于严重扭曲的阶段，经常出现色块堆积、过度不自然和线条粗细变化不均匀等问题。这类图像的画面颜色虽然鲜亮，但是整体结构混乱，可以说现在的 AIGC 绘画还比较"浮皮潦草"，甚至可能出现极度恐怖不宜展示的画面。比如对人的手部的生成，效果往往令人难以接受，如图 9-1 所示。

部分专家认为这可能是由于人的手部结构丰富——人的一只手有超过 20 个关节，而在 AIGC 训练的图片中，手部经常不是核心部位，因此受限于不同角度、不同距离、不同手势，人工智能难以驾驭。甚至在动画片中各种角色也可能被标注为"手"，如图9-2所示。这些奇怪的手，无论是性状还是手指都不相同，但是都会被标记为"手"，模型可能认为它们的形状都是合理的。

图 9-1　部分 AIGC 生成的手部细节

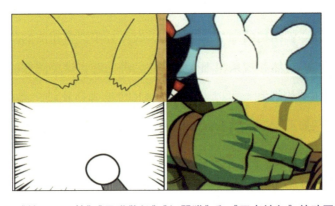

图 9-2　《精灵宝可梦》《黑猫警长》《机器猫》和《忍者神龟》的动画截图

究其原因，我们会发现 AIGC 广泛应用的扩散模型是出现问题的主要原因之一。扩散模型的训练是基于有文字描述的图片数据，通过对图片反复降噪，人工智能学习了如何生成符合文字描述的图片。由于文字描述的往往是整张图片的内容，因此 AIGC 生成的结果对整张图片的结构和光影效果把握得很好，但是对于细节会经常失准——这是因为大量细节往往缺乏文字描述，同时相当复杂多变。但是，细节往往是画家艺术风格和水平的决定性因素之一。

成本问题

当前，AIGC 生成高清图像的训练时间和成本依然居高不下，尤其是在 AIGC 盈利模式尚不清楚的时候，成本问题大幅上升，难以满足普通人的需求。如果只是简单输入一段话，那么大概率会得到一些莫名其妙的画面。如何制作高质量的 AIGC 绘画作品，目前没有可以遵循的科学指导。AIGC 在替代现有人力方面还有很长的一段路要走。

同时，在基础技术层面，如果没有网络加速，基本上一轮训练会以月为单位来计算，这并不是日常模型训练能够承受的。同时虽然 Diffusion 经过优化，但还是需要经过十几次到几十次的迭代，这样的迭代次数严重限制了生成效率，从而导致向移动端转移变得困难重重。例如，在移动端运行，意味着每次为用户提供服务，后台都会承担服务器的带宽成本和图片的上传下载，整个过程会产生较高的成本，同时用户需要等待的时间为 5～10 秒，因此，就移动端的体验来讲还有很多需要提升的地方。

AIGC 要想落地，在与人工的博弈场景中，应提供相较人力成本足够低的优势，否则难以被用户所接受。以机器视检为例，传统企业的质量检查环节主要的考虑因素就是成本，当人工智能质检方案想要替代人工质检方案的时候，首先需要说服企业负责人在保证精度和准确率的同时成本不高于现有质检员的收入水平。

输出结果不一致

目前，输入一样的提示信息，不同平台生成的图片内容和质量差别巨大。究其原因：一方面是自然语言的理解在处理一些空间关系上还存在误差，这也是造成空间位置、数量不精确的主要问题；另一方面数据集的质量、合规性、风格偏向都决定了内容生成的质量。另外需要指出的是，目前高质量的"文本-图像"的数据集主要以英语为主，其他语言都需要在整个流程前面增加翻译工作，这对翻译模型的挑战较大。

大模型到大应用的挑战

基于深度学习算法数据越多，模型鲁棒性越强的特点，当前的大模型的规模只增不减，规模大已经成为标配。例如，Open AI 推出的 GPT-3 的参数已经超过 1750 亿个。但"数据投喂"并非一种技术路径上的创新，更多的是在工程领域的微调。需要指出的是，模型规模越大，其实越难以在现实场景中落地部署。同时"海量数据"并不等同于"海量高质量数据"，有可能会导致产生反向效果。

AIGC 的发展离不开预训练大模型的不断精进。大模型虽然在很多领域都表现出良好的使用效果，但是这些效果作为展示甚至噱头之后，很难形成良性的商业价值，与大模型的训练成本、基础设施投入更是相差甚远。如何推动"大模型"向"大应用"转变，正在成为关键的考验。随着 AIGC 的破圈以及由此引发的大量关注，我们可以看到大模型商业化的潜力正在清晰化：一方面大模型企业可以根据 C 端用户的实际情况"按需提供服务"和进行商业转化；另一方面大模型也带动企业对云计算、云存储的使用量上升。AIGC 正在从"尝鲜试试看"变成大众频繁使用的需求，进而与具体行业和领域深度结合。依托我国丰富的产业需求和应用场景，我国有望为大模型商业化和长期价值探索一条新路径，但整个过程还有较长的路要走。

通用性较差

当前热门的 AIGC 系统虽然能够快速生成图像，但是这些系统能否真正理解绘画的含义，从而根据这些含义进行推力并决策仍是未知数。

一方面，AIGC 系统对输入的文本和产生的图像不能完全关联起来。例如，用户对 AIGC 系统进行测试，输入"骑着马的宇航员"和"骑着宇航员的马"内容时，相关 AIGC 系统难以准确生成对应的图像。因此，当前的 AIGC 系统还并没有深刻理解输入文本和输出图像之间的关系。另一方面，AIGC 系统难以了解生成图像背后的世界。了解图像背后的世界，是判断 AIGC 系统是否具备通用人工智能的关键。目前来看，AIGC 系统还难以达到相关的要求。比如，在 Stable Diffusion 中输入"画一个人，并把拿东西的部分变成紫色"，在接下来的 9 次测试过程中，只有一次成功完成，但准确性还不高。显然，Stable Diffusion 并不理解人的双手是什么。

知名 AI 专家发出的调查也印证了同样的观点，86.1% 的人认为当前的 AIGC 系统对世界理解得并不多。OpenAI 的一位研究人员曾指出，"DALL-E 不知道什么是科学，它只是试图编造出一些视觉上相似的东西，而不理解事物的含义"。

同时，AIGC 系统在当前具有明显的"碎片性"，即各个环节难以串联形成协同效应。例如有的创作者是做 3D 设计的，有的是做平面设计的，每类创作者都在试图构建自己的工作流。在这个过程中，AIGC 系统如何在提升创作效率的同时实现工作流程中的任务管理，显得愈发重要。

9.2 在确权方面面临的挑战

AIGC 作品的著作权归属

AIGC 在法规方面主要体现在无法确权以及版权争议。市场的收益来源于市场交易，市场交易的基础在于确权。如果AIGC无法确权：一方面会导致侵权行为得不到有效遏制；另一方面也会减少人们对该领域的关注和热情。

AIGC之所以发展迅猛，是因为模型创新。但是AIGC模型使用的训练数据包含明显受到版权保护的视觉素材。从艺术家的视角来看，模仿其艺术风格和美学特点的行为是不道德的，有违反版权的风险。Stable Diffusion训练数据集来自LAION-58，而LAION-58包含50多亿张图片以及与匹配的文本标注，其中涉及大量受版权保护的内容，这些内容归艺术家或者独立的摄影师所有。这些版权争议可能让很多抱有想法的艺术家的生存愈发艰难。

同时，普通用户在使用AIGC的过程中也会大量参照现实艺术家或者创作者的作品，训练学习素材中可能包含大量的艺术家作品，或者在输入提示词的时候直接加入某些艺术家的名字，这种行为容易造成内容版权风险。2022年8月，AI绘画网站mimic的测试版上线，该网站允许用户上传AIGC绘画作品，用户只要上传30张插画就可以生成风格相同的插画。该网站刚上线就遭到日本大量绘画师的抵制，他们发表了"禁止将我的作品用作AI作画"的声明。甚至有些绘画师直接删除了在推特网站上的画作，以免被盗用。同样是在2022年，海外互联网上出现利用人工智能学习32张绘画作品生成同一种风格的绘画作品，而该绘画作品的作者在这一领域已经11年之久，但不到3小时就被AIGC模仿出其绘画风格，而且成本不到15元。另外，部分艺术家在知名图像网站Artstation上发文抵制人工智能绘画，并要求出台正确的法律法规保护艺术家的利益。

更为严重的是，马里兰大学的研究成果显示，AIGC生成的图像并非都是未曾出现的。研究人员以Stable Diffusion为例，发现通过随机输入的提示词生成的图像中，1.88%的生成图像与数据集中的某张图像出现了超过50%的相似度。也就是说，AIGC也存在着大量抄袭问题。

著作权争议的潜在解决方案

AIGC绘画面临的版权问题并非独有。AIGC是数字技术发展的产物，但是数字技术是把双刃剑，虚拟伪造的图画可能难以禁止，但是我们不能因此就禁止AIGC的发展，其中涉及的版权问题同样可以通过数字技术来解决。比如可以将画家的作品上传到区块链中，从而加强技术溯源能力。这就是一条可以尝试的解决之道。

版权的本质是对创作者知识产权和收益权的保护，版权概念的出现要早于互联网，其本身的内涵也会随着时间和技术的变化而变化，未来对创作者的分成机制有望成为新的版权形式。例如，如果你的图像被AIGC模型训练了，那么将来使用这个模型创造出来的所有作品，其商业收益你都可以获得分成。或者使用你的图像训练了一个私有模型，那么别人可以直接付费购买这个私有模型进行内容创作。

AIGC在引发生成图像热潮的同时，未来也将在音视频领域进一步拓展和普及。当前，大量视频内容的版权由大型电影公司或流媒体公司持有，因此技术公司如何与这些版权所有公司合作，开发出新的视频模型将决定行业后续的发展。

AIGC作为一项刚出现的技术，就如同婴儿一样，将经历从模仿到创新的过程。首先进行模仿，之后才会有创造甚至超越的能力。AIGC强调的创造力应该是在学习的基础上进行创新。因此应该鼓励创作者和AIGC一起创造更美好、更有趣的内容；同时也可以鼓励用户用更创新的方式来创作内容。毕竟只模仿一位艺术家的风格不是长久之计。正如AIGC应用代表性产品Midjourney的创始人大卫·霍尔兹（David Holz）所说："汽车比人类快，但并不意味着人类停止了行走。我们将人工智能技术视为想象力的引擎，这是一件非常积极和人性化的事情。"

法律监管出现争议

版权的不确定使得当前关于人工智能的案件结果出现很多争议。2022年2月，美国版权局就因"缺乏人类作者身份"这一因素驳回了AIGC生成图像的版权请求。但早在2021年，澳大利亚一位法官却裁定人工智能创造的发明有资格获得专利保护。由此可见，在人工智能自身和技术发展过程中，各国的立法和看待事物的角度甚至决策机制还处于矛盾阶段。

虽然我国的《著作权法》明确规定，作品是指"文学、艺术和科学领域内具有独创性并能以一定形式表现的智力成果"，但是这并不意味着AIGC没有可著作权性。尤其是当前的AIGC并不具备独立创作的能力，所有的输出都是在设计者或者使用者允许范围内进行数据挖掘和分析，形成模型之后再根据使用者输入的内容生成的作品，整个创作过程都离不开人类的控制，能够体现使用者的判断和选择。因此，部分学者开始倾向于将AIGC作品看作受《著作权法》所保护的作品。当然，也有专家指出当前AIGC处于发展初期，谁拥有AIGC生成图像这一问题可能远没有到需要明确的时候，法律风险不可避免。

随着AIGC的发展，全球范围内与人工智能相关的案件正在快速增加。根本原因在于大量技术发展的速度远快于法律法规。同时，如何在理性约束和强制干涉之间进行取舍，也是当前法律在其发展过程中"矫正"新兴行业的发展所需要做的事情。毕竟，在推动市场公平的同时，法律也需要最大限度地减少传统框架对科技发展的阻碍。

企业态度不统一

AIGC应用企业的态度比较模糊不定。DALL-E对外宣布，用户可以拥有DALL-E创造图像商业化的全部使用权，包括重印、销售、商品化等，但是生成图像的所有权却是不明确的。Midjourney 表示输入提示词的人享有生成图像的版权，但对于提示词版权的归属却没有定论。从国内来看，百度文心表示，非常重视图像的版权问题，如果平台未来开放出来的生成图片侵犯了原作者的权益，百度公司会提供投诉反馈通道。国内 AIGC 的创业公司 6Pen 声明不保留版权，生成的图片版权归属生成者，可随意自用或商用。

目前一些创作者通过售卖优秀的 AIGC 绘画作品版权、与传统图库商业合作分成、教授学员使用 AIGC 创作课程等多种方式来变现。

伦理与安全风险

部分开源的 AIGC 项目对生成的图像监管程度较低。一方面，部分数据集系统利用私人用户照片用于 AIGC 训练的现象屡禁不止。这些数据集正是 AIGC 等图片生成模型的训练集之一。例如，部分数据集在网络上抓取了大量病人就医的照片进行训练，且没有做任何模糊处理，这就导致用户隐私保护堪忧。另一方面，一些用户利用 AIGC 生成虚假名人照片等图片，甚至制作出违法内容。

例如，Stable Diffusion 对生成内容基本不做审核过滤，只包含一些关键词过滤，但是这种过滤在技术上是可以轻松绕过的。一些用户在使用后指出，Stable Diffusion 会生成暴力等违法内容，还可以描绘公众人物，甚至可以高度仿制艺术品或者有版权保护的图像。例如，在苹果公司的 App Store 中，位列"照片和视频"类别第一名的 Lensa AI 是一款关注度较高的 AIGC 应用。该应用会根据用户上传的 10 张照片利用 Stable Diffusion 生成各种数字艺术风格的肖像，但是多位用户反映 AIGC 会生成不雅照片。

由于 AI 本身还不具备价值判断能力，为此一些平台开始进行伦理方面的限制和干预。OpenAI 已经直接过滤掉很多敏感词，禁止用户输入特定任务或者与政治相关的词语。同时，在训练之前会对数据集进行筛选，移除包含明显暴力等违法及其他恶劣内容的图片,还采用了人工审查员检查被标记为可能有问题的图像。例如,DALL-E 2 已经开始加强干预,减少性别偏见的产生,防止训练模型生成逼真的个人面孔等。Phenaki 提示了问题数据对于人工智能模型的影响和潜在风险,并过滤暴力等内容以及文化偏差等风险,并在短期内不会开源 Imagen Video 模型。部分企业开始尝试使用技术手段,包括"不可见水印"等技术,让系统能够自动识别图片的真假。但相关法律法规的空白和 AIGC 应用研发者本身的不重视将引发对 AIGC 创作伦理与安全的担忧。

同时,一些专家指出,"让技术发展一段时间,让技术的问题有较好的暴露,在有一定了解和客观认识之后,从法律政策的角度去约束和规范它,从而形成更好的发展"。总体目标是在技术和人工智能服务于人类这一前提下,让伦理问题在未来有较好的解决方案。

第 10 章

业界和学界的专家洞察

10.1 AIGC可扩展潜力巨大，可能掀起新一波创新创业浪潮

作者：王煜全（全球科技创新产业专家、科技投资人，海银资本创始合伙人）

从AIGC到AIGS，"服务规模化的个性化"时代到来

AIGC目前的发展阶段有点像互联网的瀛海威时代，这家公司可以说是"启蒙"了中国老百姓的网络意识，许多人伴随着瀛海威走进互联网世界。但瀛海威和互联网的门户网站就差一步，门户网站的实际商业影响比瀛海威大很多。现在人们所看到的还是互联网的BBS阶段，至少还没到门户网站阶段，这就意味着可能有非常大的新商业模式，在近两年出现。

而未来最大的商业模式，应该不叫AIGC而是叫AIGS，因为内容（Content, C）是有局限性的，即使AIGC的能力再强大，从C的角度来讲，可能同一组关键词产出的C是类似的，并不能满足人们的个性化需求。而真正最大的价值是能够将它变成一种服务（Service），想要什么就定制什么，这样人人得到的东西都不一样，每个人的需求都能被个性化地满足，这也符合我们所讲的规模化服务时代的到来。这里的规模化服务，指的是"人工智能的服务"（而不是人的服务）。因为人工智能可以复制"规模化服务的个性化"。

高端服务的特点就是个性化，首先是"我"为"你"定制，所以叫高端，而且要有设计，内容要呈现一定的复杂度。例如ChatGPT与你的互动，再如ChatGPT写出的文章，都有足够的复杂度，足够懂你。

比如，2022年11月28日，26岁的纽约华人艺术家米歇尔·黄（Michelle

Huang）的推特小火了一把。她把自己 10 年的日记上传给 GPT-3，训练出来一个小米歇尔的 AI 分身，并将她们之间的聊天截图放到了推特上，消息一经发布就引发了不小的关注，一周内点赞已经超过 5.1 万次。聊天内容非常治愈，米歇尔·黄形容这段经历就像一面镜子，帮她找回了很多自己身上没有改变的东西，也让她发现了很多已经遗失的东西。这就像真正的知己，理论上讲知己可以实现自我疗愈，当"我"有什么问题、委屈、困难，知己比我还了解自己，那未来这种"数字分身"可能变成一种服务，而且它的特点是"你"用个人的数据去"喂养"它，就能形成对你个人的深度理解。

用户在这个时代需要的永远不是产品而是服务，需要的是规模化的服务。因为有人工智能、有机器人，企业的规模化服务能力能够做到个性化，用"我"的能力来解决"你"的需求——如何能够个性化地和顾客互动，如何能在个性化互动过程中提供高端的服务，这可能是未来生成式 AI 领域巨大的商业潜力。

从科技圈体验到全民使用，AI 首次成功破圈

20 年以前，硅谷的一个很著名的营销专家 Jeffrey Moore 提出了"跨越裂谷理论（Crossing the Chasm）"，他把市场中的人分成五类，第一类是领先的一类人，也叫创新者（Innovator）；第二类是早期采用者（Early Adapter）。这两类人特别愿意应用新产品，使用新产品，属于高科技产品的第一批用户。

这两类人对于新事物会立即使用，可能这时候产品体验仍然存在很大的瑕疵，但是他们不会害怕使用，他们看中的是新功能、新能力。所以很多高科技产品一上来就有一个高速的市场增长，正是因为这批用户的存在。

但是后面的主流用户分成早期主流、晚期主流和拖后腿的用户，这三类用户和前面两类用户的行为习惯很不一样，他们不会因为新功能就去使用你的产品，

而是会看自己的使用体验是否得到满足,是不是很舒服。如何让主流人群用上"你"的应用,这是最主要的。有些高科技公司在获得第一波高速增长的时候就扩产,实际上还没获得主流人群的认可,这时候扩产就容易加速让企业遇到财务问题,甚至可能让企业面临破产。

所以说,好的 CEO 往往都是 Early Adopter(早期采用者),但不一定是创新者。例如马云不是创新者,互联网不是他发明的,但他是早期采用者,他知道互联网的优势就是"你"能在网上做电商,但他也知道互联网的劣势是电商没有信用证明。所以后来他创办了淘宝,通过学习 eBay 模式,在实践过程中发现 eBay 没有解决诚信问题。为了解决诚信问题又引入了支付宝,将平台作为第三方中间人,等到买方确认收货以后再付款,这一模式便解决了诚信问题。

阿里巴巴的成功不是因为它的技术有多么领先,而是因为它在技术应用中解决了应用痛点。大多数人为什么不是"马云",因为最早接触技术的人往往是技术人员,而大多数技术人员通常只是使用技术,而很少关注如何解决问题,如何把有问题的技术变成普及的技术。

那什么人能做这件事?非技术的使用者。当他们不能通过技术去解决自己的问题时,只好想其他办法解决。如果那时候"你"能解决这个问题,这种解决方法就有了普及性。所以当使用者说 OpenAI 的技术还不是特别大众化时,热议它的第一批人一定是技术专家,但现在已经有了大众化的苗头,热议它的人已经不局限于技术专家。

当 OpenAI 的 ChatGPT 已经将对公众的门槛降到非常低,这时候公众还不使用,就不是因为有门槛的问题,而是因为大多数公众不知道紧跟前沿科技,不知道做早期采用者,不知道要实时去体验和使用,只觉得这离"我"很远。在普通人眼中,很容易下意识地认为科技是"搞不懂"的,其实不是真的搞不懂,而是理念问题、心态问题。

这个问题会逐渐得到扭转，当有成功案例产生，当大众看见应用可以这样使用的实际案例，当非技术人员也能玩转科技，便会有更广泛的群体参与进来。

美国经济学家迭戈·科明（Diego Comin）曾经有过一个观点，"一个经济体的强弱不取决于它引入先进科技的速度，而取决于使用先进科技的深度"。科技之所以能推动社会发展，是因为科技能被广泛使用，广泛地提升效率或者带来新的能力。如果只有少数人使用，那么它提升效率或者带来新能力的机会就很小。AI绘画、ChatGPT等应用的出现，让越来越多的普通用户可以使用人工智能。AIGC在商业上讨论的热度晚于用户所讨论的热度，这是比较少见的，所以后来人工智能话题火热，是顺理成章，水到渠成的。

之前的人工智能创业公司和创始人都是人工智能专家，现在有了AIGC、ChatGPT，我们可能逐渐会发现，很多人工智能创业公司的创始人都不是技术专家。他们一般是先有一个创意，然后再去找某位CTO帮他实现。这时候人工智能领域的创业就会变得活跃，也就是所谓的"万众创新"，这也是人工智能被热议的原因之一。人们会认为创业这件事离"我"很近，除了能够日常使用以外，更重要的是也许"我"就能借此创业。这其实降低了创新门槛，让更多人能够参与其中，使科技创新能够加快市场渗透，使创新的价值能够被凸显出来，这些都是特别有意义的。

OpenAI已经成功探索出AI领域科技创新落地的新模式

ChatGPT开始火热时，有人认为它用的依然是Transformer模型，并没有根本的技术创新。但互联网刚开始火热时，也有人认为互联网不是技术创新。互联网最早的技术创新者是Tim Berners-Lee（蒂姆·伯纳斯-李，世界互联网发明者），是他将互联网贡献给大众使用。对公众来说纠结技术的创新与否意义不大，关键还是使用。

但是讨论这件事是有意义的，我们要理解什么是技术创新。创新要实现端到端，从实验室研发出来最后要被公众广泛使用。真正好的创新不是你能够向大众展示某项技术有多么酷炫而是能够让它被广泛使用。

很多好的技术都是在专利已经过期，没有什么新突破的情况之下，有人找出应用痛点并解决了应用痛点后形成普及的。例如，特斯拉有什么技术突破？锂电池不是它发明的，电池组管理也并不算新技术，我们可以发现特斯拉赢在制造上，批量制造依然能够保持便宜的价格、很好的产品体验。但制造能够提升也是一种"技术"。所以不能片面地理解"专利"才是技术，"应用创新"也是人类经验知识的积累，"不能专利化"的经验积累从一定意义上讲更重要。大多数创新的普及，发明者是一批人，推向市场的是另一批人，这是产业界的常态。

如果非要纠结"是不是真的有技术突破"，那么科技创新的过程都应该归科研人员来完成，但实际上科研人员根本不擅长将科技创新推广到社会。他们擅长做新的东西，但是新的东西要被社会接受，需要 Early Adopter（早期采用者）去发现，并在使用当中找出痛点问题，然后去解决。新技术出现突破原来是 Innovator（创新者）做的事，就如同当年锂电池出现，它装车续航才到达 100 公里，需要工程师、技术人员来做性能调优，最后才能被社会接受，这些都不是科学家能完成的。

真正将科技推广到社会，做出最大贡献的往往不是科学家，而是科技企业家。例如马斯克，他不是技术人员，但他是 Early Adopter，他知道电动汽车怎样做才能让社会广泛接受。一些人认为只有科学家就管用了，其实是远远不够的，只有科学家的话，大量的科研成果会局限于科研领域，无法被社会广泛采纳。

马斯克有段话说得很对，大致意思是英文有个词叫"Rocket Science"，但是没有"Rocket Scientist"，因为火箭的原理早就被发明，Space X 的成功不是基于科学的突破，而是基于技术的完善，性能调优的完善，完成这些步骤的人叫作"Rocket Engineer"，真正推动火箭普及的不是火箭科学家而是火箭工程师，这就是科技企业的意义。从这种意义上讲，OpenAI 是标准的科技企业，技术未必是它原创，但它能够做到极大的普及。我们恰恰应该感谢 OpenAI，使科学家的研究成果能够被社会采纳。

互联网后来的繁荣依赖于大众对互联网的认知越来越丰富，应用越来越普及，参与者越来越多。起码现在 OpenAI 树立了先例，告诉大众人工智能可以有"新玩法"，人人都可以体验人工智能，但现在体验的还是规定动作——自然语言问答，未来可能会出现更多的自选动作。

所以我的理解是，模型很重要，大数据很重要，但更重要的是全民的使用、尝试和创新。门槛降低后，人人都获得了创新的资格，就会从量变到质变。人类当中永远有聪明人，很多科技发明和应用的出现并不是有目的而为之，而是某个人某一天的"灵光一现"。当大众一起参与到这个异想天开的"盛筵"，就会有更多有意思的成果出现。

中国需要自主大模型，也有可能探索出自己的创新

中国有必要建立一个自己的大模型。首先中文环境和英文不同，基于中文环境，中国自己建立大模型会有更好的表现。其次建立人模型本身的难度也不大，实际上相关学术论文发表后，基本知道怎么落实，无外乎是如何去实践的问题。

至于大模型的落地效果，有一部分要考虑早期投入，毕竟云计算的成本是巨

大的，非常考验投资者和企业家的魄力。中国自己的大模型能做，也需要做。我认为至今中国没有做出来的原因不是因为能力问题，也不是因为模型本身的问题，是因为我们的开放性问题。很多时候人们不愿意开放，而不开放恰恰是不能进步的核心原因。

早期 OpenAI 里有各种笑话，有各种愚蠢的问题，但是把愚蠢暴露出来，把错误暴露出来，慢慢纠正，模型就会越来越好。但如果怕说错话就不张嘴，那人工智能就不能学会语言。就好像孩子学习语言，还是会说错很多东西，但是你去纠正，他慢慢就说对了。人工智能最大的特点就是它是在学习中完善的，特别看重反馈。OpenAI 其实很了不起，它把工具免费提供给大家，让大家做各种尝试，即使早期背负了很多骂名，但是在这个过程中，它不断地成熟起来。中国科技行业的头部企业开放性都还不够，舍不得把实验室成果开放出来给大家用。一方面免费开放，算力成本会提高，企业要为公众的免费使用埋单；但从另一方面来看，公众也是在帮企业打磨产品的完善性，用一种众包的方式帮企业完善产品。

另外，就是所谓的 IT 传统。OpenAI 本身是基于整个 IT 的开放传统。一直以来，都会有人（或企业官方）站出来登高一呼"你们来使用吧"。中国这种开放的传统相对来说就弱一些，行业中没有企业站出来登高一呼，而是闷声自己搞研究，和别人的合作性比较弱，这也造成我们的普及性较差。

OpenAI 的火热也给中国的头部科技企业敲响了警钟，其实我们的头部企业也都在研究，但是大家都喜欢放在后台，公众无法参与。"藏在深闺"的高科技到最后反而很可能落伍，只有大家都广泛参与你的黑科技，才能建立更多的业务模式。基于 OpenAI 的创业已经慢慢形成规模了，这是很多企业特别希望看到的状态，基于哪个平台创业，哪个平台就丰富、活跃。可以说，我们的头部科技企业已经错过了第一拨机遇，或者说是慢了半拍，能不能尽快赶上来，这是非常重要的。

至于人工智能领域的关键环节是不是会被限制，比如芯片，现在有两种声音，一种声音是中国芯片落后，另一种声音是我们需要在芯片领域独立自主。自主创新芯片产业的口号已经喊了20年之久，期间有各种尝试，最后效果并不理想。再加上随着中美贸易摩擦的加剧，对方采取封锁的手段，过去20年的各种创新努力并没有突破美国对中国芯片卡脖子的限制。

造成这一情况的原因是什么？为什么在整个芯片产业诞生之初，由美国主导，有少数的日本企业，在荷兰的ASML（阿斯麦）以及少数的欧洲企业参与下能形成美日荷联盟？这就涉及科技创新的"木桶理论"。我们都知道传统的木桶理论认为企业不能有短板，后来又产生了"新木桶理论"，即企业要有自己的长板，然后与其他长板合作。在这样的合作下，整个芯片产业生态在20世纪六七十年代才开始建立起来。

任何新的生态在建设初始阶段并没有长板，甚至都是短板。在创新生态形成之初需要积极参与合作发展。尽管有短板，也会在合作共建的产业发展过程中将各个短板逐渐地演变成长板，也就是说木桶的长板是生长出来的而不是拼凑起来的。

从这个角度就可以知道为什么现在中国做芯片的突破特别困难，因为其他国家的企业在合作中成长。现在的问题在于我们如何去用短板参与合作发展？理论上讲自主创新，慢慢解决问题，但可能会比较慢，因为创新也是需要整个产业生态的协作才能完成，如果只是作为其中一环而其他协作方不配合，那创新突破就会异常艰难。

机会在哪？芯片产业并没有多少年历史，但是芯片产业到如今又出现新的革命，上一轮科技革命没有赶上，但下一轮科技革命是我们需要关注的。现在我们虽然慢，但是也不用沮丧，因为机会很多，其中一个机会就是人工智能。人工智能这一机会的特点是什么？它的生态更复杂而不是更简单。过去是单芯片计算的时代，要遵循摩尔定律，如今我们经常谈到"摩尔定律失效了"。比如各企业推出的 SoC（系统级芯片），一个芯片组里面有 N 个 CPU，甚至 N 个 GPU，属于异构计算——有通用计算单元和专有计算单元，而专有计算单元还正在差异化。

比如手机里有一个计算单元专门做图像处理，另一个计算单元专门做视频处理的，这就形成一通用带多个专用的组合。这样的结构极大地提升了效率，降低了能耗，所以它不需要最快的计算速度，也能实现好的效果。这也意味着在追求单芯片能力上的要求可以降低，不是单芯片最优就等同于综合最优，那么我们在单芯片上的劣势是不是就可以弥补？

此外，中国的优势在哪？我们能够让更多的大数据应用积极地去和人工智能结合，尤其如今系统级芯片有算法固化的特点。理论上讲为某个行业专门训练行业数据，通过这个过程得到优化的算法，再把算法固化到硬件、芯片中，用固化的芯片去处理现实中的人工智能问题会更优，最典型的例子就是自动驾驶芯片。特斯拉为什么自主研发驾驶芯片？原因在于自动驾驶所碰到的问题是特异的，用大量自动驾驶的数据去训练，然后得到针对自动驾驶优化过的算法，这是最高效的。

中国如何快速赶上？在系统级芯片异构计算时代，号召拥有数据的机构参与预训练，然后与拥有芯片计算架构的公司深度合作，这样芯片的制造水平未必是最好的，但芯片训练的模型是最好的，最后整体 SOC 芯片的系统输出能力是最强。按照这个逻辑来看，我们依然有机会胜出。

一方是芯片企业，另一方是人工智能企业，还有一方是能够产生大量数据的应用企业，如果能够有更多的数据训练模型最终固化到硬件中，那中国就会转劣势为优势。从自动驾驶行业可以看得更清楚。自动驾驶行业有三类企业，一类是自动驾驶整车企业，生产车并且通过汽车上路行驶产生数据；另一类是芯片公司；第三类主要是人工智能公司。自动驾驶研发企业依靠硬件，通过数据训练硬件软件系统，使自动驾驶能力提升，最后能够让自动驾驶能力足够优秀。自动驾驶是人工智能的示范性应用，这种模式应该出现在各个行业领域中，任何有足够数据的行业领域都应该以此为范式，那中国就有可能转劣势为优势。

我认为这等于中国借助大量行业数据应用企业的参与，在系统级芯片层面胜出，不纠结于7纳米级工艺，可能48纳米也同样够用。绕开单芯片的死局，也可能使应用得到普及。在系统级芯片上和应用进行深度结合，形成基于数据优化的算法，并固化到芯片行业的解决方案中，这将是这一轮芯片竞争的核心。

10.2　AIGC火热的背后，需要深度思考治理难题

作者：梁正（清华大学人工智能国际治理研究院副院长、人工智能治理研究中心主任、公共管理学院教授）

破解"克林格里奇困境"，要靠更敏捷的治理思路

在新技术发展的初期，当问题还没出现时，你无法预见它会带来怎样的问题，但是问题出现以后再去解决又太晚。我们历次经历新技术的爆发，都会遇到这个问题，就是"克林格里奇困境"。

我们现在的解决办法应该聚焦在"对新技术有没有更敏捷的治理思路"上。新技术在实验和推广过程中，我们应该先将其限定在可控的范围内，不要一下子大范围铺开，比如金融领域的沙箱实验、自动驾驶的实验区等。以前我们很少先考虑到商业价值，一般更先想到的是"新技术到底有什么危害"。但敏捷治理的

思路是，应该让所谓的"领先用户"先顺畅地进来体验，然后不断迭代。就像小米公司在早期，也是先有一批种子用户，这个思路可以复用到新技术中，这是国外现在讲到的负责任的创新。

其次，应该在公测阶段就加入"治理的边界性问题"，之前的所谓的公测阶段，更多是从产品体验、底层代码等角度考虑。这种治理不应该只是自上而下的，更大程度上是由业界首先意识到，后来才有监管者监督。业界要有主动治理的意识，将其视为企业社会责任的一部分。

现在我们又处于一轮新技术发展的初期阶段，产品设计上要有价值观的嵌入，如果不考虑这个因素，它带来的问题可能很大程度上要靠事后的治理，否则很难从根本上解决问题。这不是从某个个体的角度就能识别出来的，必须从应用的过程中识别出来，尽量避免在造成大面积的伤害之后才意识到。

由于法律体系的不同，国外公司不需要法律有具体的规定，法官的判例就可以作为判罚依据，特别是在新兴领域，大量的法律知识积累就是来源于新的问题出现之后，法官怎么判决，宣判以后又可以作为其他法官判决的依据。最终积累很多案例之后，会达成一个共识，那么就会写入法条，甚至最后形成法典。我们国家是成文法，习惯对一些问题穷尽它的情境，这其实很难做到。对新技术领域用判例去解决，则更加敏捷灵活。在美国，如果有用户认为自己的利益受损，就有权基于宪法赋予的权利去起诉。所以美国的大多数公司对推出新的技术、产品十分谨慎，因为某些重大失误，即使没有相关的法律法规推出，只要基于宪法去提起诉讼，最终这家公司都可能因为这种推出新产品不谨慎而犯下的失误给自己造成灭顶之灾。

加强对弱势群体的保护，平台应该做好"守门人"

《互联网信息服务深度合成管理规定》已于 2022 年 11 月 3 日由国家互联网

信息办公室 2022 年第 21 次室务会议审议通过，并自 2023 年 1 月 10 日起施行。另外，《互联网信息服务算法推荐管理规定》已于 2021 年 11 月 16 日由国家互联网信息办公室 2021 年第 20 次室务会议审议通过，并自 2022 年 3 月 1 日起施行。但人工智能产业发展尚在早期，相关规定怎样去落实，也还有很多问题需要解决。在人工智能领域，特别是机器学习领域，最典型的特征是不存在放之四海而皆准的通用解决方案。针对 AI 传播虚假信息这件事，要分层来看。

（1）目前 ChatGPT 只是在公测阶段，大家使用它，大部分也都是娱乐性的聊天，它的回应到底有多靠谱，可能并没有太多人去深究，顶多会调侃一句"它在一本正经地胡说八道"。

（2）未来，当 ChatGPT 真正被用到专用场景（比如法律服务、金融服务）的时候，真实性、严谨性问题就变得特别重要。

（3）但是，往往在非专用场景下，大家不太关注它的严谨性和真实性，警惕性放松，更容易被 AI 迷惑。这时候怎么办？我认为还是要把责任归因到具体的人。首先是使用者（使用 AI 的人）应该标识出来，这样看到 AI 生成内容的人，就可以选择相信或者不相信。

另外，对一些老年人、未成年人，他们的辨别能力不足，这时候，不仅仅是使用者，也要对服务的提供方（平台方）提出具体的要求，通过平台生成的内容需要有明确的标识，平台要做好"守门人"的工作。就好像现在的互联网电商平台，我们把"打假"的责任也给到了平台方，指望用户去打假是不现实的。

既然平台提供了自动化的服务，就有义务去帮助用户鉴别和防范。之前国家互联网信息办公室强调"要压实互联网主体责任"，这句话落实的一个点就是，当大平台"手中有矛"的时候，更要落实自己的责任。我们看到国外大公司对这点十分看重，可以注意到，当有新技术诞生的时候，其实并不需要出台一个专门的规定去约束这种新技术或新产品。因为在国外的法律体系中，如果某个公司的产品出现问题，这个公司肯定是第一责任人。

对公司来讲，最佳解决方案是在产品上标注"识别标记"，数字水印可能是其中一个解决方案，还可以有其他的办法，其核心目的是对平台产生的内容做标注：首先可以识别这条内容是 AI 生成的、并不是人类创作的；其次，可以识别这条内容是在哪个平台生成的，由哪个用户生成并传播出去的。这样，有清晰的追溯链条，就能更清晰地定义责任人。我们看到 OpenAI 实际上已经在这样做了，它推出了 AI 识别的工具，所谓的"用魔法打败魔法"。

AIGC 内容知识产权还没有定论，但业界已有基本共识

围绕 AIGC 的版权界定问题一直是争论焦点，目前业界也很难有清晰的答案。从本质上来讲，界定是不是剽窃的唯一标准应当是生成的新内容中新信息的含量。在不同国家关于著作权的法律规定当中，新颖性、创造性是构成实体要求的基本条件。目前来看，AIGC 只能发现关联性，并不能发现因果性，所以可能并不能从无到有地创造严格意义上的新内容。但是未来是否量变会引起更大的质变，目前还很难判定。

从产业发展的角度来看，如果把 AI 生成内容的著作权给了使用者，有利于使用者创作优质内容，比如新闻、文学艺术创作，可以繁荣创意和创作，激励创作者，而这个创作者是人，我们基本假定人是创意的来源。但如果大量内容的著作权都界定给使用者，对于优质工具的提供者而言则激励不足，这也会影响到此类工具开发者的积极性。

虽然目前在立法上还没有明文规定，但是业界还是有一定的共识。比如，在科学研究领域，本来研究成果是为了人类共享的，所以对于之前研究的引用，即使是借用了 AI，一般标明署名和出处，实现可追溯就好；而基于商业目的的创

作，把别人的作品（比如小说、文学作品）打散重组，那肯定是不受欢迎的。这种情况如果没有标注或声明，则是有侵权嫌疑的。

探索人工智能领域"数据合作"新范式

2023年2月，美国和欧盟达成了"人工智能促进公共利益行政协议"，拟在预测极端天气和应对气候变化、应急响应、医保事业、电网运行，以及农业发展等五大重点领域带来公共利益。值得注意的是，美欧双方此次在AI领域的合作并不以数据共享为前提，双方在数据流通上仍有所保留。

这件事涉及的领域更大，我们一直讨论的ChatGPT所使用的底层数据，其实更多的是互联网领域公共、公开的数据。而美国与欧盟达成合作协议所讲的数据，则可能来源于公共部门和社会，涉及公共安全、个人隐私等，它与公开数据不同，但这个合作模式对未来的数据治理提供了很好的启示。

关于数据的流动，从技术发展的角度来讲，大家最希望能有一个共享的数据池，在上面去做训练肯定效果更好，但是这就涉及数据安全、隐私、版权、产权等各种复杂的问题。即使美欧在数据问题上经过长时间谈判，也并不能做到"共享数据池"。

美欧现在达成的"联合建模"模式可能是未来可以考虑的解决方案。过去大家的想法是要"让数据动"，但数据一动就会带来一系列问题，例如匿名化的问题、数据安全的问题等。其实从公司的角度来讲，真正的匿名化是做不到的，怎么办？现在的方向就是往多方可信计算、联邦学习等方向去探索。联邦学习的模式可以让数据不动，只要最后共同建模，得到分析结果，就能解决很大的问题。比如在自动驾驶领域，各个国家都很难去分享交通数据，但是中国的自动驾驶汽车，如何在欧美地区安全地行驶？如果用这个模式，不必非要拿到数据，而是通过建模拿到分析结果就可以使用。

当然，目前这只是一个可能的方向，也涉及技术实现的问题，毕竟数据量巨大，模型如何部署也需要逐渐达成共识。欧洲目前在推工业数据空间，有100多个相关的企业（比如西门子）参与其中。欧洲的思路是建立一个没有障碍的、统一的、安全的信息空间，大家都可以把数据放到数据空间中，有点类似于数字银行。

这种思路在工业领域实施相对更容易，虽然也有类似于产业安全等敏感问题，但个人隐私等方面的问题则相对较少。在工业领域，主要关心的是谁用了我的数据，怎么使用的，这个要可追溯。把数据放到数据空间中，意味着数据可以放心流动和使用，但是后台都会有轨迹记录。

美国的解决思路类似于基础公共设施的分层，美国政府开放了大概2000多个高质量数据集，都是基于美国政府掌握的公共数据。这些数据都是清理过后再向社会开放的。所以现在去回溯 ChatGPT 的高质量数据基础，它肯定也有一个更坚实的数据资源基础。

我国近年来一直在推广数据交易所，这种思路可能更适合大宗、同质化的交易。是不是可以尝试和数字协议、区块链等新技术相结合，借鉴欧美地区数据治理的经验，获得一些启发？这种合作模式完全有可能成为未来的数据合作新范式。现在有一种观点是，直到 ChatGPT 的出现，人工智能才真正进入大规模产业化、工程化实施的阶段。这个时候一定会有专业的数据服务商出现，不再是以场内交易方式出现，而更多是提供专业化的服务。

中国也有自己的大模型，虽然现在表现还没那么优异。大模型的训练目前确实面临着数据共享、数据安全、隐私保护等各种难题。从大环境来看，也迫切要求我国在国际合作中进行一系列思路上的转变。一方面，我国的数字平台企业要争取走向国际，拓展出更加广阔的发展空间；另一方面，从国家的层面而言，仍然要探讨如何融入全球创新网络，以更加开放的态度寻求国际科技交流与合作。

而美欧此次合作恰恰提供了国际合作的一种可参考方案——在各国强调数字主权的大背景下，在数据不流动的前提下，通过多方可信安全计算、联邦学习等方式实现对数据价值的共同发掘和利用。

10.3 AIGC火热背后的业界冷思考：中国AI行业的未来发展，需要有自己的思路

作者：张鹏（北京智谱华章科技有限公司CEO，清华大学2018创新领军工程博士）

ChatGPT的流畅对话来源于预训练大模型

计算机之父及人工智能理论先驱艾伦·图灵（Alan Turing）在1950年就做过如下假设，在一台机器拥有无限的计算力与存储的情况下，"计算机是否能够思考"并非一个技术层面的问题，而是一个哲学问题，而解决它的关键在于如何定义"思考"。

因此，他将"计算机是否能够思考"这个问题转换成了"计算机是否能够模仿人类"，并由此提出了如今被称为"图灵测试"的思维实验。他认为，如果人工智能能够成功模仿并骗过提问者，就证明计算机能够思考。

我们问ChatGPT，你是否通过了图灵测试，它自己回答："我并没有通过图灵测试"。然而，很多人都更坚定地认为，它已经通过了图灵测试，它回答问题的流畅度，已经让你经常忘记自己在和一个机器人交谈。

ChatGPT为何更像人？关键点在于核心技术。过去客服机器人或者对话聊天机器人可能是基于上一代的人工智能技术，采用类似检索式的问答或者对话。

ChatGPT正是由GPT-3.5架构的大型语言模型（LLM）所支持的，它背后的参数量超过千亿，通过大量的文本数据进行训练后形成模型。当给模型提供一段话或者文字，甚至不需要完整的语句，它就可以预测这段话后的下一个词或者字是什么，并能兼顾上下文的逻辑正确，这种技术使回答的内容与你的输入的风格、语调等一致性非常强。ChatGPT以类人的方式来继续对话或者回答问题，相比以前传统的AI问答和客服更像真人。

翻译也会用到人工智能深度学习的技术，深度学习与预训练模型也有很深的关系。但以往的做法会针对翻译的任务，设计专门的模型来做翻译，我们看到的可能是从一段英文对应翻译出一段中文。但是ChatGPT使用的是通用模型，它可以根据上下文或者前文去预测后面的文字，这与人类日常交流当中的表述习惯非常类似，但是与翻译的体验感是不一样的。

由于模型通用性非常强，ChatGPT可以把它拿来做特定任务的数据集进行调整。比如让它能够回答问题或者生成诗词这类创意性的内容。因此，背后的大模型的技术泛用性更强，生成的内容会更丰富，流畅度、逻辑性都比传统的针对特定任务（比如翻译）的模型效果更好。另外，预训练模型GPT可以对问答或者对话过程中的内容实现快速的学习和纠正，所以它能体现出更好的智能程度。

"AI幻觉"仍是阻碍产业发展的难题

大模型的大，首先是指它的规模大，一般来说衡量预训练模型的规模是用它的参数量。类似数学函数中有多少个变量，但是它不是变量，是变量前的权重系数。它实际上是对权重系数数量的衡量。所以1750亿的参数量是指整个函数里面包含有1750亿个系数，这种系数参数会与你所有输入的系数进行一定的数学运算，最终把它转换成结果输出，所以预训练模型的大，其实就是指的这个。一般来说，亿级以上的模型就已经算比较大的，当然我们现在指的大模型一般来说也都是在十亿规模以上。

"大"是带来能力突破非常关键的因素，研究界经过多年的研究后发现一种现象，当模型的规模大到一定程度后，一般认为是在千亿规模（超过1000亿的参数规模）之后，模型的能力尤其是通用能力会快速涌现。小模型根本不具备这些能力，而大模型就会表现得比较明显，这非常重要。

但是从产业应用方面来讲，参数量变大，意味着应用的时候需要的算力成本就会提高。但是也要看你怎样去使用大模型：如果把大模型作为基础，自研专有模型，可能成本不低，但还是比完全自研的成本低；如果使用大模型的研发厂商提供的现成平台，成本其实会比较低，因为它不需要自己去研发模型。

但是即使大模型发展到今天，依然有一个难解的"业界问题"。谷歌高级副总裁兼谷歌搜索引擎负责人普拉巴卡尔·拉格哈万（Prabhakar Raghavan）在接受采访时表示："机器以一种令人信服但完全编造的方式来表达自己"。这就造成了我们经常调侃的"一本正经地胡说八道"。

其实基于早期的基座大模型去做内容的生成，也会出现"一本正经地胡说八道"。当 ChatGPT 出现后，我们会发现问题实际上已经减少很多，但没有彻底解决。"一本正经地胡说八道"的现象，其学名叫"幻觉性"。对于这种生成式的模型，这是通病。当然为什么会产生幻觉性？目前也还在研究，现在 ChatGPT 的表现已经非常好，比如说它的价值观、回答的逻辑性以及对于问题正反面进行全面的平衡考量，是对基于人类反馈的强化学习（Reinforcement Learning from Human Feedback，RLHF）训练的更好的表达。

为什么会产生"幻觉性"？目前还没有定论，可能仅有技术上的猜测或者研究的初步成果。第一,可能在训练数据当中会有噪声。模型学习后并不能分辨出正确和错误或者哪些质量高、质量低,所以也会导致出现数据混淆的情况。第二,模型本身存在一定的随机性,所以在生成内容时实际上解码策略带来的随机性会使它有较小的概率生成不正确的东西。第三,模型本身是统计学习的模型,虽然它采用高维的统计,但也会导致模型对训练数据中不存在的概念强行捏造,从人类角度看起来就好像幻觉一样,但是模型从它的统计逻辑角度来看可能认为是正确的,所以导致模型进行错误方向上的外推或者泛化。

大规模预训练技术仍处于早期探索阶段,人工智能公司还需耐心打磨

当 ChatGPT 带来的新鲜劲儿过后,大家对它的"一本正经地胡说八道"更加提高了警惕,尤其是经常出现逻辑错误和做错数学题。谷歌的 Bard 被寄予了厚望,然而,Bard 仅仅回答了一个问题,就已经被发现了常识性错误。在 Bard 发布当天,谷歌的市值也下跌了 1000 亿美元。Bard 真的比 ChatGPT 差吗?

个人认为谷歌这类公司的技术储备应该非常雄厚,相信在这个领域,谷歌不是落后者。它拥有很多领先的技术(比如预训练模型),全球现在公认的最大的预训练模型 PaLM 就属于谷歌,它的效果是碾压许多其他模型的。但基于技术的安全性、伦理、道德风险等问题,谷歌并没有把技术过早地推出或者更大范围地将产品试用扩散。这次火速上线 Bard 属于被竞争对手逼迫得有些紧张,所以可能有点仓促,应对得并不是太好。但并不能说明 Bard 一定比 ChatGPT 差。

大规模预训练技术也是最近几年才真正见到比较好的效果,对于它的商业化

应用探索还处较早阶段，所以国内可能并没有能够像 OpenAI 这样做出现象级的应用。但国内的很多机构其实也在研究自主大模型，这是一条中国要走的创新之路。

另外我们需要承认，OpenAI 背后的预训练模型技术本身就有很大的优势，哪怕是用类似的技术，比如用我们自研的 GLM-130B 大模型技术作为底座，开发类似的应用，也可以做出来，但还是需要进一步优化，实现技术上的同步。

其次，ChatGPT 的火爆背后，也是"技术＋产品＋市场"的综合因素的成功。它所开发的场景——聊天或者问答，受众的范围非常广，可以快速地扩展认知。

我们需要综合来看待 ChatGPT 的创新。首先需要界定什么叫创新？是技术创新，是底层原理创新，是工程创新，还是应用创新或者是纯粹的模式创新？可能每一种创新的特征本身是不同的。虽然预训练模型 Transformer 技术是谷歌提出的，谷歌也在应用与研究过程当中取得了很好的效果，但 OpenAI 在 GPT-3 后一系列的过程其实也没有太多独创或者是原创的成果，都是基于前人的研究探索更多的路径，将技术组合、解决工程难题，以及成本问题等进行综合处理，找出一个更好的实现路径，最终出现 ChatGPT。所以 ChatGPT 是集合底层技术的工程、模式以及产品等创新的成功应用。

在 AIGC 技术浪潮中，一些行业将迎来全新挑战

Gmail 的创始人保罗·布赫海特（Paul Buchhcit）于 2023 年 2 月 2 日在推特上表示，ChatGPT 将像搜索引擎摧毁黄页一样摧毁谷歌。随后不久，Paul Buchheit 又发推，继续补充"谷歌可能只需要一两年时间就会被彻底颠覆。AI 将会消灭搜索引擎的结果页面，即使后者跟上了人工智能的发展，也将导致其业

务中最能赚钱的部分大不如前！"在哪个行业最先被ChatGPT颠覆的讨论中，搜索引擎首当其冲。搜索引擎会被颠覆吗？

首先我们可以从搜索引擎的本质和ChatGPT的本质来进行区分。搜索引擎的核心使命是用户去获取所需的信息，它的工作方式是被动方式，用户必须先将自己需要查询的内容输入搜索引擎，从而返回相关的信息。在过去将近20年里，搜索引擎技术的发展目标主要是提高用户查询和反馈结果之间的相关性。对于简单的查询，搜索引擎可以处理得非常好。但稍微复杂的语义或者包含逻辑的查询，搜索引擎是做得不太好的。

而ChatGPT解决的不是被搜索的信息与用户查询之间相关性的问题，而是一种从自然语言角度来看，怎么解决上下文的一致性、流畅性和逻辑性的问题，是以另外一种视角来看待信息获取。所以它是一种全新的交互方式，更便捷、更友好，能够帮助用户直接解决问题。比如以写问题的方式去做文章总结、写文档、编程等，相当于在搜索引擎的基础上又前进了一步。根据统计数字，2023年1月ChatGPT全球访问量已经达到六亿多次，一个月内就达到了一亿用户，这对于传统搜索引擎来讲是巨大的挑战。

这种用户访问量和用户增长速度已经超过了以往的技术革新的发展速度。确实有可能影响到搜索引擎的历史地位，但需要多长时间？还需要等待ChatGPT的迭代速度以及人们能否解决它自身的缺陷，比如幻觉性的问题。

还有一个行业也是讨论的焦点，那就是SaaS（Software as a Service，软件即服务）。MaaS（Model as a Service，模型即服务）未来是否会替代SaaS？ MaaS其实是一种全新的技术和市场理念，是当前AI大模型技术发展到一定水平之后的一种新的技术应用形式。MaaS的目标其实是将模型的各项能力进行简单通用的封装，以提供API接口的方式向用户提供AI赋能的能力。一般来说用户需要在MasS的基础上做二次开发和系统功能集成。但一般情况下SaaS是指在线上通过云服务的方式向用户提供业务和功能性比较强的软件服务，所以重点在于软件功能和用户业务的满足。一般用户可以直接使用，不需要做开发和集成。从本质上来说 MaaS 和 SaaS 处于信息服务生态的不同层次，理论上来看 MaaS 的出现是对 SaaS 的有益补充，可以让 SaaS 的开发成本和周期降低，同时智能水平更高。

中国 AI 行业的未来发展，需要有自己的思考和思路

人工智能发展有三大要素：算法、数据和算力。但其实并不意味着每个企业都要投入巨大的算力成本去做模型的训练和部署。"大"模型这个"大"，其实就是希望能集中使用算力。大企业有能力投入算力资源，构建出模型，并做出 AI 平台。中小企业可以对平台按照用量付费，算力投入成本及研发投入时间都会大大减少。这是可以称为"AI 发电厂"的一种模式。另外，AI 大模型本身的压缩和优化也是重要的研究方向。随着芯片技术、大模型技术的不断发展，成本会不断降低，效率会不断提高。

另外，数据质量的问题也是讨论的焦点，但我认为数据质量可能不是最关键的问题。我相信中国市场的数据体量足够大，数据质量也没有想象中那么差。只要愿意付出相应的成本，数据质量也不是不能解决的问题。反而像数据归属、数据安全、数据隐私等是重点问题，尤其是数据归属和数据安全问题。AIGC 绘画前段时间被热捧，但是 AI 生成的绘画，其实使用了很多人类画家、画师创作的图片进行训练，但在版权上没有进行确认。所以在利用数据资源的过程当中，除了数据的标注加工，大众应该把注意力放在数据服务方面，包括数据归属安全的问题。如何在法律、道德等层面对事情进行明确的划分和管理？例如不得使用未经授权的非公开的数据，还有对于大量的社区或者志愿者提供数据可能需要有一定的信用体系去保证。

至于未来中国的 AI 行业如何演进？首先需要承认我们落后于人，要向最先进的方向去追赶。其实不用太纠结于某些地方被限制，因为总会有解决办法。中国不缺人才，只要不断地努力，肯定有追上的机会。别人已经做出了现成的东西，我们可以去学习，但是在这个过程当中不能完全照搬他人经验，别人也未必会把经验全部告诉你，所以这个过程当中还需要有自己的思考、想法与创新。